월급쟁이
부자는 없다

월급쟁이 부자는 없다

유비(김수영) 지음

서른 전에 평생 돈 걱정을 해결한

젊은 부자 유비의 경제적 자유 실현 프로젝트

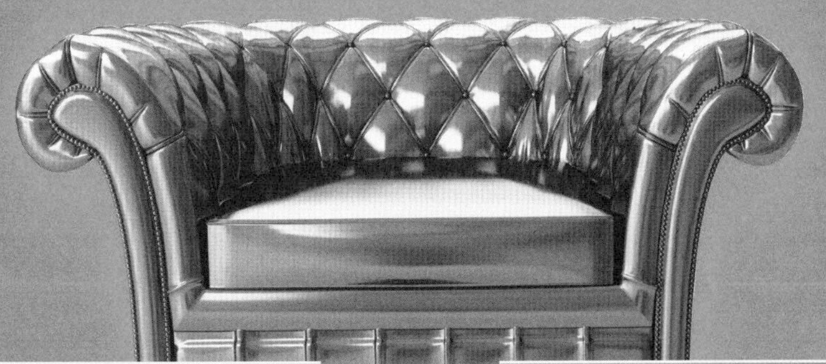

보랏빛소
Borabit Cow

추천의 글

(가나다 순)

28세의 나이에 이미 경제적 자유를 실현한 유비 님은 소액 실천투자의 새바람을 이끌어 낸 실력자로 정평이 나 있습니다. 2020년 부동산시장에 맞춰 '현명한 부동산 시스템 구축'의 구체적이고 실전적인 부동산투자 로드맵이 추가된 개정증보판 《월급쟁이 부자는 없다》가 경제적 자유를 갈망하는 모든 이들에게 제2의 유비를 꿈꿔보는 기회의 장이 되기를 바랍니다.

건희아빠, 지방 소액 부동산투자 전문가

대부분 사람이 생각하는 '경제적 자유'란, 은퇴한 노년의 여유로운 생활이다. 이 책의 저자 유비 님은 서른 전에 벌써 여유로운 노후를 완벽히 준비했다. 이 책에는 무릎을 탁 치는 그의 부자 마인드와 평생 돈 걱정 없는 수익 시스템을 만든 그의 혜안이 담겨 있다. 이 책을 통해 대한민국의 많은 분이 부자로 거듭나길 빈다!

골목대장 이형진, 네이버 카페 '발품' 운영자

모두가 스펙을 쌓기 위해 노력할 때, 고독한 투자자의 길을 선택한 유비 김수영은 서른 전에 경제적 자유를 거머쥐었다. 더불어 자신의 부에만 머무르지 않고, 같은 고민을 가진 젊은 투자자들에게 투자의 식견을 아낌없이 공개하며 단기간에 수많은 젊은 부자를 탄생시켰다. 그의 핵심 철학이 오롯이 담겨 있는 이 책을 통해 이 땅에 패기 넘치는 젊은 부자들이 넘쳐나기를 기대한다.

김윤수, ㈜빌사남 대표이사

똑같이 시작했는데, 왜 누구는 경제 공부로 끝나고 누구는 진짜 부자가 되는가? 그 차이는 실행력에 있다. 실전 부동산투자에 있어 유비보다 더 현실적인 조언을 해줄 수 있는 사람은 없다. 유비의 치열했던 돈벌이 분투기를 고스란히 담아낸 이 책을 꼭 읽어보시기 바란다.

김의현, 사이다경제 대표이사

월급만으로 부자가 된 사람은 없다. 이 책은 개미처럼 일해야 하는 부자가 아닌 시간과 장소를 초월해 경제적 자유를 누릴 수 있는 진정한 부자 로드맵을 제시한다. 돈이 찾아오게 만드는 부자 마인드부터, 적은 돈으로 성공하는 부동산투자 실전 노하우까지 어느 하나 빠질 것이 없다.

김현정, ㈜소딧 부대표

《월급쟁이 부자는 없다》를 읽다 보면 경제적 자유에 관한 혜안과 그를 위한 탄탄한 수익 시스템 구조의 탁월함에 혀를 내두를 수밖에 없다. 평범한 사람 누구나 부자 되는 로드맵을 중점으로 써내려간 이 책은 모두에게 '나도 할 수 있다'라는 희망과 자신감을 불어넣어 줄 것이다.

꿈장사 조영환, 《월세혁명》 저자

《월급쟁이 부자는 없다》는 한참 종잣돈을 모으며 깜깜한 고독의 터널을 지나던 시절, 내게 힘을 주었던 특별한 책이다. 다시 한 번 읽어도, 역발상의 법칙을 투자뿐 아니라 인생의 전반에 두루 적용하며 경제적 자유를 일궈낸 그의 혜안이 놀라울 따름이다.

달토끼야 김결, 《셰어하우스 시대가 온다》 저자

인생의 모든 영역에서 발휘되는 역발상의 진수를 보여주는 책! 남과는 다른 길을 걷겠다는 발상의 전환 아래, 누구보다 빨리 부의 차선을 올라탄 김수영 저자. 그는 이 책의 지면을 통해 불확실한 시대를 사는 이 땅의 젊은이들에게 사회가 정해준 길이 아닌, 다른 길을 통해서도 얼마든지 윤택한 삶을 누릴 수 있다는 명쾌한 통찰을 제시한다. 언젠가 사회로 진출할 내 아이들에게 미리 사주고 싶은 책이다.

레오 김은진, 레오대출연구소 대표

유비, 너무 완벽한 탓에 나이와 성별을 불문하고 부자를 꿈꾸는 사람들에겐 조금 불편한 존재일지도 모른다. 그러나 부자가 되고 싶은 사람이라면, '불치하문(不恥下問)'이라는 말을 기억하라. 묻는 것을 두려워하지 않는 것이 부자의 태도다. 하물며 그는 20대의 젊은 나이에 혹독한 과정을 몸소 체험하며 성공을 일군 부자다. 그런 그에게 묻는 것을 두려워할 이유는 없다. 그의 책은 경제적 자유로 가는 해답을 줄 것이다.

부자멘토 이지윤, 《나는 소액으로 임대사업해 아파트 55채를 샀다》 저자

평범한 젊은 청년이 경제적 자유를 실현한 비결, 결코 일반인은 따라 할 수조차 없는 화려하기만 하고 허황된 기술이 아니었습니다. 사소한 발상의 전환을 통해 남들과 다른 행보로 부를 일군 그는 혹독했던 돈벌이 분투기를 진심을 담아 정직하게 풀어냅니다. 돈을 끌어당기는 건강한 부자 마인드부터 적은 돈으로 성공하는 가장 효과적인 실전 부동산투자 로드맵을 제시하는 책! 진심으로 응원합니다.

빠숑 김학렬, 더리서치그룹 부동산조사연구소 소장

행복재테크에서 공부를 시작하여 젊은 나이에 성공을 거둔 유비의 선전을 진심으로 축하한다. 그를 통해 많은 젊은이들이 꿈을 이루길 바란다.

송사무장 송희창, ㈜케이알리츠 대표

모두가 꿈꾸는 경제적 자유의 해답, 바로 이 책 안에 있다. 《월급쟁이 부자는 없다》는 더 이상 돈의 노예가 아닌 자유인으로 살아가고자 마음먹은 사람들에게 '일하지 않아도 돈이 들어오는 시스템'을 실현하는 가장 안전하고 빠른 지름길이 되어줄 것이다.

숙주나물, 빌라투자 전문가

——

아직도 착실하게, 성실하게, 열심히 직장생활하면 돈을 벌 수 있다고 생각하는가? 지금 당장 이 책을 펼쳐라. 당신 빼고 모두가 아는 사실, 더 이상 월급쟁이 월급으로는 희망이 없다. 저자 유비가 그랬던 것처럼, 하고 싶은 것을 할 수 있는 자유를 갈망하라. 이 원초적인 갈망이 당신을 부자로 만들어줄 것이다.

엘도, 이엘디오 대표

——

모처럼만에 가슴 뜨겁게 읽은 경제경영서입니다. 자본주의 사회에서 월급만으로는 부자가 될 수 없습니다. 회사에 레버리지 당하는 삶이 아닌 주도적인 삶을 사는, 내 인생의 주인이 되고 싶다면 이 책을 펴세요! 불안하고 팍팍했던 월급쟁이의 삶 이외에도 또 다른 세계가 있다는 것을 눈으로 보게 될 것입니다.

열정로즈, 내꿈사 대표, 분양권&내 집 마련 전문강사

——

재테크 붐이 불고 있다. 지난 15년간 분양가 대비 신축 부동산 가격은 두배 정도 올랐고, 주식과 비트코인 열풍이 불고 있다. 최근 시장에서 눈여겨볼 것은 20~30대 투자자가 등장했다는 점이다. 불안정한 사회를 방증해주듯, 사회에 나오기 전부터 재테크에 눈을 돌리는 젊은 세대들이 등장했다는 것이다. 중년의 부부만 보이던 세미나에서도 이제는 내 집 마련을 위해 오신 신혼부부들이 종종 보인다. 이렇듯 달라진 풍속도에 유비 김수영이 출간한 《월급쟁이 부자는 없다》의 내용은 5년이 지난 지금도 매우 시의적절한 내용이 가득하다. 그동안 막연히 부자 꿈만 꿨다면 이 책이 당신을 경제적 자유로 향하게 하는 지도가 되어줄 것이다.

월천대사 이주현, 월천재테크 대표이사

——

신입사원 시절, 이 책을 접했다면 경제적 자유로 가는 길을 더 빨리 찾았을 것이라고 확신한다. 이제야 이런 책이 나오다니 아쉬울 따름이다. 돈에 관한 잘못된 인식을 깨부수고, 부동산투자를 통해 경제적 자유를 실현하는, 가장 현실적인 방법을 알려주는 책! 사랑하는 후배에게 꼭 선물하고 싶다.

자유몽, 《부동산으로 이룬 자유의 꿈》 저자

젊어서는 돈이 없어서 못 샀고, 이제 돈 좀 벌어서 샀더니 기력이 없어서 못 탄다는 '스포츠카 딜레마'. 《월급쟁이 부자는 없다》 저자 유비 역시 이점에 주목해 치열하게 분투했고, 젊고 건강한 20대에 경제적 자유를 실현했다. 이 비결이 궁금한가? 당장 이 책을 일독하길 권한다. 당신의 미래가 바뀔 것이다.

제네시스박, 《친절한 제네시스박의 부동산 절세》 저자, 유튜브 '채널 제네시스박' 운영자

——

동갑내기 친구 유비는 늘 열정을 다해 부동산투자의 안목과 통찰을 보여주는 실력 있는 차세대 리더입니다. 그리고 행복을 함께 나눌 줄 아는 마음 따뜻한 친구입니다. 그런 유비가 곁에 있어 든든합니다.

주지오, 네이버 밴드 '부산사랑의 도시이야기' 운영자

——

스트레스 받아가며, 상사 눈치 보며, 원하지 않는 일을 매일하며 살아가는 이 땅의 월급쟁이 여러분, 자유를 쟁취하십시오. 서른 전에 평생의 돈 걱정을 해결해버린 젊은 부자 유비 님은 이렇게 말합니다. "어차피 월급쟁이는 부자가 될 수 없다" "하루빨리 나대신 일하는 수익 시스템을 만들기 위한 돈 공부를 시작해야 한다"고. 이 책을 펴는 순간, 당신의 인생을 바꿀 진짜 부자 유비 님의 1:1 맞춤 멘토링이 시작될 것입니다.

지원서원아빠, 지식산업센터 전문가, 네이버 블로그 '지원서원아빠의 투자정보' 운영자

——

경제적 자유를 꿈꾸는 사람이라면 반드시 읽어야 할 필독서! 《월급쟁이 부자는 없다》는 읽을 때마다 저에게 다시 한 번 초심의 자세를 일깨워줍니다. 부자가 되기를 바라는 월급쟁이, 특히 20~30대 사회초년생은 꼭 읽어보시기 바랍니다.

카이저, 카이저 밴드 대표

——

거의 모든 사람의 꿈, 경제적 자유. 경제적 자유란 단지 원한다고 해서 다가오는 것이 아니다. 본인의 강한 갈망과 의지가 전제되어야 한다. 그리고 경제적 자유를 실현한, 진짜 부자에게 돈에 관한 올바른 가치관과 상식에 수렴한 투자방법을 배워야 한다. 28세에 18억 자산가로 평생 돈 걱정을 해결한 김수영 저자의 《월급쟁이 부자는 없다》가 그 해답이 되어줄 것이다.

투에이스 김동우, 《투에이스의 부동산 절세의 기술》 저자

——

부동산투자자로서 유비 님을 만난 지 5년이 흘렀다. 그동안 봐왔던 유비 님의 노력과 열정을 알기에 초판에 이은 개정증보판 《월급쟁이 부자는 없다》가 얼마나 많은 이들의 가슴을 뛰게 하고 인생을 극적으로 바꿀지 기대가 크다.

해안선, 분양권투자 전문가, 블로그 '해안선의 투자스토리'와 유튜브 '해안선TV' 운영자

개정증보판 프롤로그

진정한 자유를 꿈꾸는 당신을 응원합니다

이 책이 세상에 처음 나온 지 벌써 5년이 훌쩍 흘렀습니다. 그동안 '월급쟁이 부자는 없다'라는 진실 어린 문장에 많은 분이 공감과 지지를 보내주셨습니다. 저 또한 보답하고자 네이버 카페 '젊은부자마을'과 오프라인 모임을 통해 지금까지 분석해온 지식과 노하우를 나누어 드렸고, 정말 기쁘게도 그때 용기를 내어 투자하신 분들은 지금 상당한 자산가가 되셨습니다.

대출받기 너무 좋은 시절이어서 소액투자로도 현금흐름을 손쉽게 만들어낼 수 있었고, 본격적으로 시작된 수도권 상승장은 투자자들에게 어마어마한 시세차익을 안겨주었지요.

최근 5년 동안, 부동산투자에 눈 뜬 자와 그렇지 않은 자의 자산 격차는 매우 크게 벌어졌습니다. 이를 반영하듯 수많은 부동산투자서적과 온라인 투자 커뮤니티, 유튜브 채널 등 다양한 콘텐츠들이 생겨났습니다. 이런 현상은 누구나 양질의 정보를 쉽게 얻을 수 있다는 장점이 있지만, 스스로 생각하지 않는 투자자로 만들어버리는 치명적인 단점 또한 갖게 합니다. 그래서 이제는 학습을 넘어 올바른 투자방향을 설정하고, 개인의 흔들리지 않는 투자철학, 확고한 가치관이 더욱 중요해진 상황입니다.

만만치 않은 작금의 시기입니다. 초판이 출간되었던 2014년과 비교하면, 현 부동산시장은 초보자가 투자하기엔 더 버겁고, 어려워졌습니다. 정부는 대출과 세금을 규제하는 정책을 펴고 있고, 과다해진 공급물량은 역전세의 리스크를 일으키고 있습니다.

하지만 좀 더 면밀히 그 내부를 파고들어 보면, 곳곳에 숨은 기회가 있다는 것을 깨닫게 됩니다. 부동산의 경우, 주식처럼 모든 종목과 상품의 움직임이 동일하지 않기 때문에 (즉, 전국적으로 다양한 흐름으로 나타나므로) 수익을 낼 가능성이 언제나 존재합니다. 지금도 어떤 지역의 특정상품은 가격이 크게 떨어지고 있으나, 다른 지역의 상품은 가격이 큰 폭으로 오르고 있습니다. 그 옥석을 가려낼 안목을 기른다면 여전히 수익을 창출할 기회가 많습니다. 지금도 계속해서 수익을 내는 '젊은부자마을'의 많은 회원들의 성과가 그 증거입니다.

또한 여기에 분양, 매매, 경·공매 등 다양한 매입방법을 활용한다면 금상첨화입니다. 그래서 특별히 이번 개정증보판에는 〈Part 5. 경제적 자유를 위한 부동산투자 로드맵〉을 통해 이에 관한 심층적이고 실전적인 투자 노하우를 담았습니다. 면밀히 읽고 각자의 상황에 맞게 적용하면 현시점의 시장에 많은 도움이 되리라 생각합니다.

월급 하나로는 희망이 없는 시대입니다. 그렇다고 무작정 창업 전선으로 뛰어들 수도 없습니다. 저는 월급에만 의존하지 않는 삶을 살기 위해 스무 살의 이른 나이부터 고군분투했고, 결국 경제적 자유를 획득했습니다. 늘 어딘가로 출근해서 개미처럼 열심히 일해야 하는 노예가 아닌, 떠나고 싶을 때 떠날 수 있는, 시간과 장소를 초월한 수익 시스템을 갖춘 자유인이 되었습니다. 바로 부동산 임대수익 시스템 덕분입니다.

이 책을 펼친 당신에게도 다달이 새로운 월급을 창출할 시스템 구축을 강력히 권합니다. 무리한 갭투자와 한 곳에 투자금을 올인하는 방식을 지양하고, 수익형과 차익형의 적절한 조화를 이끌어내는 상식을 견지한 자산 포트폴리오를 구축해야 합니다. 누구나 2년 정도만 집중적으로 노력한다면 경제적 자유를 쟁취할 수익 시스템을 만들 수 있습니다.

마지막으로,《월급쟁이 부자는 없다》에 성원을 보내주신 독자 여러분과 '젊은부자마을' 회원들께 감사 인사를 전하고 싶습니다. 초판을 출간하길, '젊은부자마을'을 운영하길 참 잘했다고 생각하는 이유는 이 길을 함께 걷는 사람들이 생겼기 때문입니다. 오로지 종잣돈을 모으고, 입지를 분석하고, 투자하는 고독한 활동에 익숙했던 저에게 동지들은 큰 힘이 되어주고 계십니다. 물론 남모를 속앓이도 있었습니다. 그러나 이 또한 좋은 사람들을 만나기 위해 응당

거쳐야 할 과정이었음을 이제는 압니다.

저는 이제 경제적 자유를 넘어, 미래의 여정을 함께할 좋은 분들까지 곁에 두게 되었습니다. 이제야 진정한 부자가 된 듯합니다. 저 자신도 경제적으로, 사회적으로 더욱 큰 사람이 되기 위해 노력할 것이며, 제 주변의 사람들 또한 나날이 더욱 성장하고 번영하길 빕니다.

돈의 노예가 아닌 자유인이 되십시오. 부디 월급에만 목매며 아등바등 사는 인생에서 벗어나 시간과 공간을 초월한 경제적 자유, 더 나아가 인생을 마음껏 설계하는 자유를 누리기를 진심으로 바랍니다.

프롤로그

월급에 의존하는 삶에는 희망이 없다

이 땅에 살고 있는 보통의 사람들은 대개 월급쟁이입니다. 업종이 다르고 근무조건이나 금액 등에서 차이가 있겠지만, 대다수는 월급에 의존한 채 하루하루를 버티고 있습니다. 월급이 충분히 많거나, 죽는 날까지 계속해서 나온다는 보장만 있어도 우리네 삶이 이렇게 불안하고 피 터지는 경쟁의 장이 되지는 않았을 것입니다.

월급은 한 달 동안 일해서 받는 돈입니다. 즉, 그 달에 일을 하지 않으면 그 달에 쓸 돈은 없다는 뜻입니다. 일을 해서 월급을 받는다 해도 고정적으로 나가는 식비, 교육비, 통신비, 주거비, 각종 공과금에 외식이나 쇼핑, 문화생활도 한 번씩 해주고 나면 돈이 없기는 마찬가지입니다. 스치듯 빠져나가는 월급으로 '내 집 마련'이나 '해외여행' 같은 건 다른 세상의 이야기가 되는 것입니다.

그래도 어떻게든 살아야 하기에 대다수의 사람은 아침부터 허겁지겁 지옥철에 몸을 싣습니다. 미래가 캄캄하고 답답하지만, 딱히 대안이 없는 탓입니다.

혹시 창업이 그 대안이 될 수 있을까요? 대한민국 국민 중 많은 사람이 택하는 또 하나의 길이 바로 자영업입니다. 남 눈치 보지 않고 내가 노력한 만큼 보상을 받을 수 있기에 너도나도 자영업의 길로 들어서고 있습니다. 아니, 어떻게든 먹고 살아야 해서, 뭐라도 해야 하기에 뛰어든다는 표현이 더 적절할 듯합니다.

그렇게 시작한 일이 잘만 된다면 얼마나 좋을까요. 하지만 이 또한 성적은 처참하기 그지없습니다. 자영업자 절반이 영업 3년을 채 유지하지도 못합니다. 그 폐업률이 얼마나 심각한지는 굳이 강조하지 않아도 잘 알고 있을 것입니다. 결국 다른 사람의 이야기가 아닌, 우리와 우리 부모님의 이야기니 말입니다. 남들 눈에만 그럴듯한 사장님이지, 속은 하루하루 타들어가는 빚쟁이에 불과합니다. 어쩔 수 없이 프랜차이즈의 힘이라도 빌려보지만 이는 또다시 돈 앞에 쩔쩔매는 쳇바퀴 인생을 살게 할 뿐입니다.

저는 부자가 되고 싶었습니다. 경제적 자유를 얻고 싶었습니다. 답이 나오지 않는 월급쟁이 인생은 살고 싶지 않았고, 무턱대고 창업에 뛰어들 수도 없었습니다. 그래서 열심히 종잣돈을 모았고, 투자에 능숙해지려고 노력했습니다. 그 결과, 부동산 임대수익을 통해 일하지 않고도 돈이 들어오는 시스템을 만들어냈습니다. 제가 선택할 수 있는 가장 현실적인 대안이었고, 가능성이 높은 길이었습니다. 그리고 저는 더 이상 돈에 구애받지 않는 삶을 살 수 있게 되었습니다. 당신도 늦지 않았습니다. 멀쩡히 다니던 회사를 그만두라는 말이 아닙니다. 월급쟁이여도 좋습니다. 다만, 월급에만 의존하는 인생에는 결코 희망이 없습니다. 그 길의 끝은 이미 뻔히 보이지 않습니까. 이 책은 그에 대한 이야기입니다.

CONTENTS

돈 중심 계급사회를 인정하라

월급쟁이 부자는 없다

스무 살, 부자가 되기로 결심하다

흙수저를 위한 돈 사용설명서

Part 5 경제적 자유를 위한 부동산투자 로드맵

Part 1

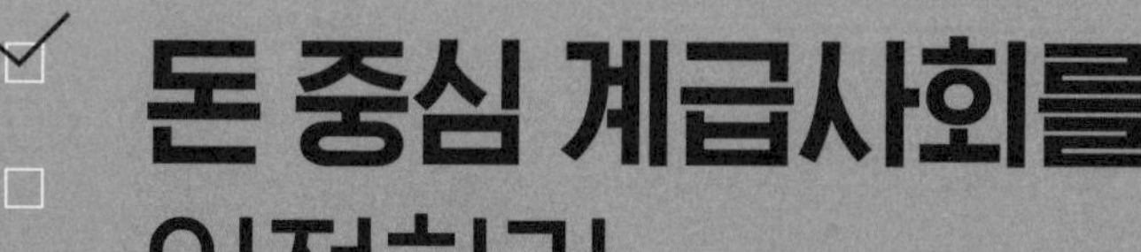

돈 중심 계급사회를 인정하라

Money Plan

모든 사람은 둘 중 하나의 삶을 살게 된다.

돈의 노예이거나, 자유인이거나.

인생은 출발점이 다른 게임

새로 장만한 운동화를 신었다. 좋은 기록을 내기 위해 오랫동안 준비해왔다. 혹독한 식단조절과 강도 높은 체력훈련을 통해 최상의 몸 상태를 만들었다. 혹시나 있을 사태(?)를 대비해 일찌감치 화장실에서 몸도 깨끗이 비웠다. '난 할 수 있다'라는 긍정적인 마인드 컨트롤도 잊지 않았다. 그렇게 나는 스타트 라인에 섰다.

출발 신호를 기다리는 다른 선수들을 쭉 둘러보았다. 얼굴 생김새부터 체격조건, 입고 온 옷이나 신고 온 운동화 등이 정말 각양각색이다. 그런데 그 사람들 틈에 빨간색 스포츠카 한 대가 보인다. 출발 시간이 코앞인데 차주는 내릴 생각을 안 한다. 가까이 다가가 창문을 두드리니 창문이 스르르 내려간다. 나는 친절하게 곧 출발할 시간이니 어서 차에서 내려 준비를 해야 한다고 말했다. 같이 한

번 열심히 달려보자고 했다. 그러자 녀석은 귀찮다는 표정으로 나를 한 번 훑더니, 자기는 이 차를 타고 출발할 거란다.

너무도 황당한 대답에 어이가 없었다. 녀석이 미쳤나 싶었다. 이건 달리기 경주라고, 어서 정신을 차리고 차에서 내리라고 말했다. 그러자 녀석은 오히려 나에게 묘한 비웃음을 지어 보이더니 다시 창문을 올려버렸다.

나는 고개를 절레절레 흔들며 심판에게 다가갔다. 저기 정신 못 차리는 녀석이 하나 있다고, 스포츠카를 타고 출발선에 서 있는 저 놈을 얼른 빼버리라고 말했다. 놀랍게도 심판에게선 이런 대답이 돌아왔다.

"그게 뭐가 문제지?"

내 귀를 의심했다. 이건 분명 달리기 경주인데, 스포츠카를 타고 참가한다는 것이 문제가 아니란 말인가. 나는 따지듯 물었다. 달리기 경주에 스포츠카를 타고 출전하는 것이 말이 되느냐고, 당신이 그러고도 심판이냐고, 공정함을 유지해야 하는 당신이 이게 뭐하는 짓이냐고.

그러자 심판이 한마디를 더 했다. 나는 입을 꾹 다물 수밖에 없었다.

"그럼 너도 스포츠카 타고 참가하지 그랬니?"

기어이 야속한 출발 신호가 울렸다. 스포츠카는 엄청난 굉음을 내며 미친 듯이 질주하더니 몇 초도 지나지 않아 시야에서 사라져 버렸다. 나는 여전히 출발선에 서 있다. 도저히 이 상황을 납득할 수가 없다.

‘말도 안 돼! 이런 게 어디 있어?’

그동안 해왔던 식단조절은 다 무슨 소용이고, 강도 높은 체력훈련은 무슨 의미였으며, 새로 장만한 운동화는 또 뭐란 말인가. 그나마 평생을 열심히 살아오신 부모님 덕분에 운동화라도 구할 수 있었던 것인데….

경기는 여전히 진행되고 있었으나 나는 도저히 달릴 의지가 생기지 않았다. 이렇게 불공평한 경주가 세상에 어디 있단 말인가. 경기규칙 자체가 불공평한데 달려봤자 무얼 할 수 있나.

주위를 둘러보니 내 옆에는 나와 비슷한 표정의 선수들이 꽤 남아 있었다. 그들의 얼굴에서는 절망과 무기력이 느껴졌다. 개중에는 아예 신발조차 없이 맨발인 사람도 있었고, 최신 디자인에 고기능성 운동화를 신은 사람도 있었다. 그러나 스포츠카 앞에서 그들은 똑같은 처지였다. 아무리 달려봐야 스포츠카를 따라잡는 것은 불가능하다는 사실을 잘 알고 있었기에 나도 그들도 달릴 엄두가 나지 않는 것이다.

시간은 계속해서 흘렀다. 심판이 달리라고 재촉하기 시작했다. 이 경기는 늘 이렇게 진행되어 왔고 결국 너희는 달리게 되어 있으니 시간낭비 말고 조금이라도 빨리 출발하라고, 지금 달리지 않으면 나중에 분명 후회할 거라고.

누군가는 절망했고 누군가는 심판에게 욕설을 퍼부었다. 앞서 달리고 있을 스포츠카를 저주하기도 했다. 누군가는 이 따위 경기를 만든 주최 측을, 또 다른 누군가는 스포츠카를 물려주지 않은 부모님을 원망했다.

그렇게 시간은 더 흘렀다. 욕을 한다고 달라지는 건 없었다. 체념한 사람 중 몇몇이 힘겨운 발걸음을 떼기 시작했다. 풀이 죽은 채 달리기도 했고, 독기를 품고 달리기도 했다. 종교의 힘으로 현실을 초월해 행복한 미소를 띠며 달리는 사람도 생겼다.

부모를 탓하며, 세상을 탓하며 아예 달리기를 포기한 사람도 있었지만, 대부분은 현실을 인정하고 늦게나마 출발했다. 운동화를 신은 사람도, 맨발인 사람도 그저 옆에 있는 이가 뛰기 시작하니 덩달아 출발한 것이다. 그 결과, 한참을 앞서간 스포츠카는 잊히고 뒤처진 그들 가운데서 새로운 양상의 경주가 시작되었다. 목표는 1등이 아니라 그저 옆에 있는 사람보다 조금이라도 앞서는 것. 그렇게 경기는 새로운 국면으로 접어들었다. 주최 측이나 심판 역시 오랜 경험을 통해 그와 같은 상황을 예상하고 있는 듯했다.

나는 차마 달릴 수 없었다. 이런 식의 경쟁은 무의미하는 생각이 들었다. 기왕 경주에 참여할 거라면 가능성이라도 만들어야 했다. 심판이 말하길, 이 경주는 제한시간이 없다고 했다. 평생이란다. 내가 살아 있는 한, 계속 달리는 것이다.

그렇다면 아직 내게 승산이 없는 건 아니라고 생각했다. 이제 고작 몇 시간이 지났을 뿐, 어차피 평생을 달려야 할 게임이라면 차근차근 나만의 무기를 준비해 최대한 멀리 가는 것이 낫다고 판단했다. 혹시 모를 일이다. 스포츠카를 타고 달리고 있는 그 녀석을 따라잡을 수 있을지도. 아니, 역전할 수 있을지도.

나는 그렇게 경기장을 잠시 빠져나왔다.

어차피 평생 달려야 한다면

경기장에서 벗어난 나는 책에 파묻혔다. 방법을 찾기 위해서였다. 분명 나보다 먼저 이 경주를 시작한 사람들이 있을 터였다. 나와 같은 고민을 한 이들도 분명 있었을 것이다. 나는 길을 알고 싶었다. 스포츠카, 아니, 최소한 스쿠터 비슷한 것이라도 만드는 방법을 알아내야 했다. 경기장의 전체 코스가 어떻게 생겼는지, 좀 더 효율적인 길은 없는지도 찾아야 했다. 그렇게 계속해서 나는 책을 읽어나갔다. 읽으면 읽을수록, 방법은 손에 잡힐 듯 말 듯 아슬아슬하게 빠져나갔다. 갈증은 더욱 커져만 갔다.

시간은 빠르게 흘렀다. 한 달이 지나고, 1년이 지났다. 처음에 출발한 녀석은 잊힌 지 오래고, 이제는 현실에 순응해서 달리기 시작한 사람들의 소식이 하나둘 들려왔다. 자신의 페이스를 조절하며 부지런히, 열심히 뛰는 사람들이 선두그룹을 유지하고 있었다. 어려서부터 체력을 단련하고 자신에게 맞는 신발을 준비한 사람들이었다.

그 가운데서도 누군가는 또 뒤처졌고, 누군가는 멈춰 서서 한숨을 쉬고 있었다. 열심히 뛰고 있는 선두그룹을 향한 열등감으로 좌절하기 시작한 것이다. 서서히 하나의 무리가 형성되었다. 그들은 이 경주는 애초에 말이 되지 않는 것이라고 적극적으로 항의하기 시작했다. 온갖 불평과 불만을 터뜨리며 제도 자체의 전면수정을 요구했고, 아예 경기 자체를 없애버리자고 떼를 쓰기도 했다. 그래야 모두가 평등하고 행복한 세상에서 살 수 있다고 했다.

그러나 그들은 한 가지 중요한 사실을 잊고 있었다. 이 경기는 자신의 의지와 상관없이 어차피 평생 동안 지속된다는 것을 말이다. 지금 이 순간에도 시간은 흐르고 있고, 경기는 진행되고 있다. 누구도 그들의 투정을 듣지 않을뿐더러, 오히려 그들의 심리를 교묘히 이용하는 세력까지 존재한다. 이러한 현상은 현대에 국한된 것이 아니다. 수년 전, 수십 년 전, 수백 년 전부터 존재해온 것이다.

경기 규칙을 바꾸고자 평생을 바치는 사람도 있지만, 이것이 대다수가 여전히 뛰고 있는 까닭이다. 스포츠카를 타고 달리는 녀석은 어차피 자신들과는 다른 세상에 속한 존재라 인식하고 자기들끼리 경쟁을 하기로 결정한 것이다.

그 경쟁에서 좋은 성과를 내던 이들은 내게 이런 조언을 하곤 했다. 지금부터라도 뛰어야 한다고, 체력을 더 단련하고 좋은 운동화를 마련하라고, 조금이라도 더 잘 달리기 위해 끊임없는 자기계발을 해야 한다고. 그러나 내가 원하는 것은 그들만의 리그가 아니었다.

나는 계속해서 책을 뒤적거렸다. 그러자 스포츠카 만드는 방법이 조금씩 드러나기 시작했다. 재료가 필요했고, 재료를 마련할 돈이 필요했다. 나는 돈을 벌기 시작했고, 재료를 준비해나갔다. 조금이라도 빠른, 그리고 평생 경주하는 데 쓸 나만의 튼튼한 스포츠카를 만들기 위해.

그렇게 몇 년이 더 흘렀다. 마침내 나는 나만의 자동차를 갖게 되었다. 녀석의 스포츠카에 비할 정도는 아니지만, 나의 피와 땀이 고스란히 배어 있는 자랑스러운 자동차였다. 나는 그렇게 나만의 비장의 무기를 가지고 경기장으로 돌아왔다.

출발점에는 아직도 달리지 않고 서 있는 이들이 있었다. 꽤 오랜 세월이 흘렀는데도 아무것도 하지 않은 채 현실을 부정하고 있는 이들이었다. 그들은 차를 사주지 않은 부모를 욕하고 있었다. 또한 이 경주를 만든 보이지 않는 주최자를 원망했고, 눈앞에 있는 심판을 한 대 패주고 싶어 했다. 하지만 그런 심판 곁에는 언제나 든든한 경찰이 지키고 있었다. 그들은 그런 경찰들도 싸잡아 욕했다. 모두가 불평과 분노의 대상이었다.

나는 그들을 뒤로하고 마침내 경주를 시작했다. 자동차는 그동안의 내 고생을 알아주기라도 하듯 시원하게 잘도 달렸다. 나보다 몇 년이나 앞서 출발한 사람들을 하나둘 따라잡았고, 책에서 알게 된 지름길을 통해 더욱 앞서게 되었다. 그동안 이 자동차를 만들기 위해 홀로 고단하게 살아온 지난 시간이 머릿속을 스쳐 지나갔다. 아무도 나에게 방법을 일러주지 않았다. 철저히 나 혼자서 깨지고 부딪히며 얻은 것들이었다.

이렇게 내가 앞서기 시작하자, 출발점에 서 있던 이들은 이제 나를 욕하기 시작했다. 어제까지만 해도 나는 그들과 같은 처지였는데, 순식간에 선두를 차지하자 화살을 나에게 돌리는 것이다. 그들은 말했다. 꼭 멀리 가야만 이 경주의 승자가 아니라고, 어디에 있든지 스스로 행복하기만 하면 된다고, 너는 멀리 가는 대신 자신들과 함께 이 경주를 만들어낸 이들을 물리쳐야 한다고 말이다.

그들은 어느새 자신들만의 이념을 만들어냈고, 교묘한 합리화 논리를 주장하고 있었다. 그러나 주장과 달리 그들은 결코 행복할 수 없다는 사실을 나는 알기에 흔들리지 않는다. 현실은 그대로인데 마음만 다잡는다고, 전혀 만족하지 않으면서 만족하는 시늉을 한다고 행복해지는 건 아니다. 오히려 그럴수록 그들은 더 불행해질 것이다.

그러는 와중에 그들 사이에서도 묘한 신경전이 생겨났다. 다들 출발점 언저리에 머물고 있으면서, 조금이라도 더 멀리 간 자들이 자신보다 뒤에 있는 사람들에게 텃세를 부리기 시작한 것이다. 조금이라도 나은 자신이니 같은 대접을 받고 싶지 않다는 이유였다. 한 발짝이라도 앞선 사람들은 뒤에 있는 이들을 괴롭히기 시작했다. 그들 사이에서도 계층이 생겨나고 우열관계가 형성되었다.

당신은 지금 어디서, 어떻게 이 게임을 풀어가고 있는가. 왜 이

게임이 시작되었는지 의문을 품을 필요 없다. 자꾸 게임은 어떠해야 한다며 자신만의 잣대를 들이대지도 말자. 한탄은 쓸모없는 에너지 낭비에 불과하다. 그렇다고 무식하게, 무작정 달리라는 것도 아니다. 먼저 자신의 위치를 직시하고, 지금부터라도 제대로 공부하며 준비해야 한다. 분명 방법은 있다. 당연히 쉽게 얻을 수는 없지만, 중요한 건 '가능성'이 있다는 사실이다. 가능성만 있다면 얼마든지 도전할 가치가 있지 않겠는가.

이미 경기가 시작된 지 꽤 시간이 흐른 사람도 있을 것이고, 이제 막 경기에 참가하려는 이도 있을 것이다. 그러나 이 경기에서 너무 늦은 사람은 아무도 없다. 얼마든지 더 빨리 갈 수 있는 방법이 있음을 명심하라. 세상을 원망하는 대신 자신만의 성공적인 경주 스토리를 만들어나가면 그만이다.

열심히 공부하고 배운 것을 실천하자. 길은 생각보다 멀지 않다. 자신이 신고 있는 초라한 신발만 바라보고 있기에 막막하게 느껴지는 것이다. 지름길은 있다. 방법도 있다. 그 과정을 몸소 겪어온 내가 확신할 수 있다.

물론 내가 걸어온 길이 유일한 정답이라고는 생각지 않는다. 나와 다른 방법으로도 성큼성큼 뛰어가는 이들을 적지 않게 보아왔기 때문이다. 다만, 나는 스스로 나만의 길을 개척했고, 그랬기에 지금은 비슷하게 출발한 또래들에 비해 많이 앞서 있다는 것에 의미를 둔다.

어차피 평생 지속될 경주다. 당신에게도 아직 많은 시간이 남아 있다. 특히나 이제 막 경주를 시작한 사람이라면, 현실의 벽이 너무 높다고 좌절하고 있을 때가 아니다. 괴롭겠지만 현실을 받아들이는 것부터 시작하자. 그래야 발전적인 모색이 가능하다. 이 책이 당신에게 지름길을 알려주는 지도가 될 것이다.

돈을 무시하는 자, 돈으로 망한다

사람들은 돈에 대해 이중적인 생각을 가지고 있다. 돈을 많이 벌어 부자가 되고 싶으면서도 한편으로는 돈을 '악'으로 치부하곤 한다. 돈 많은 사람들은 나쁜 놈들이고, 가난한 나는 착하게 사는 순진한 사람인 것이다. 그러면서도 돈은 많이 갖길 원한다. 모순이다.

가난한 집안일수록 돈 이야기를 금기시하는 경향이 있다. 돈을 좋아하는 사람은 탐욕스럽고 이기적이라는 편견이 집안에 깔려 있으면 가난의 덫에서 평생 헤어 나올 수 없다. 생각의 위력은 놀라울 정도라, 때로는 운명을 좌우하기까지 한다.

역발상투자로 월스트리트의 살아 있는 전설이라 불렸던 존 템플턴은 이런 말을 했다.

우리에게는 많은 친구가 있지만, 필요할 때 언제라도 도와줄 준비를 하고 있는 '저금통장'이라는 친구보다 좋은 친구는 없다.

부자가 되고 싶다면 가장 먼저 돈에 관한 올바르고 건강한 가치관을 지녀야 한다. 돈이 왜 소중한지, 왜 그토록 피땀 흘려 일하며 돈을 벌고 있는지 그 가치에 대해 분명히 인식해야 한다. 돈에 대한 올바른 인식과 가치를 지닌 사람만이 건강한 부를 쌓을 수 있기 때문이다.

부자 되기를 꿈꾸며 투자·재테크 관련 서적에 손이 가기 시작했을 무렵, 내 마음 한구석에는 이런 생각이 자리하고 있었다.

'이런 책을 읽어도 될까? 독서라기엔 너무 저급하진 않은가?'

그래서 도서관이나 지하철에서 재테크 책을 읽을 때는 최대한 제목이 남들에게 보이지 않게 가리며 읽었던 기억이 난다. 그럴듯해 보이는 철학이나 역사책이 아닌, 돈과 관련된 책을 읽는다는 것이 괜히 부끄러웠다. 내게도 역시 돈은 저급한 것이라는 잘못된 인식이 있었던 것이다. 이 얼마나 간사한 행동인가.

대부분 가정과 학교에서는 돈에 대해 가르치지 않는다. 왜 돈을 벌어야 하고, 어떻게 돈을 써야 하며, 어떤 방법으로 돈을 불려야 하는지 등에 대해서 말이다. 자본주의라는 사회에서 풍요로운 생활을 영위하려면 반드시 필요한 것이 돈이다. 하지만 반대로 돈을 밝히면 속물 취급받는 것이 현실이다. 그렇기에 많은 사람이 성인이 되어서도 돈으로부터 자유로워지지 못하고, 돈에 얽매인 삶을 살게 되는 것이다.

돈에 관한 교육을 제대로 받지 못했으니 당연히 돈을 잘 다룰 수 없고, 점점 더 돈과 멀어진 삶을 살게 된다. 성장과 번영, 성취와 풍족함에 관해 깨우치기보다 자꾸 결과의 평등에만 주목하다보니 자본주의 사회의 부적응자가 속출한다. 그들이 할 수 있는 것이라곤 한탄뿐이다. 부모, 회사, 국가를 원망하고 결국 자신의 인생 전체에 회의를 갖는 진짜 루저의 삶을 사는 것이다.

지금이라도 잠재의식 속에 가려진 돈에 관한 왜곡된 인식을 바꿔야 한다. 올바른 경제 가치관이 자본주의 사회를 직시하고 그곳에서 생존하도록 당신을 성장시킬 것이다.

다만, 돈이 인생의 절대 가치이자 전부라는 뜻은 결코 아니다. 돈을 위한 삶이어서는 안 된다. 돈은 행복한 삶을 영위하기 위한 매우 중요한 수단이자 재료일 뿐이다. 목적을 분명히 해야 주객이 전도되지 않는다. 일본의 재정전문가 혼다 세이로쿠는 이렇게 말했다.

> 사람이 가난해지면 스스로 괴로울 뿐 아니라 의리도 없어지고, 인정도 메마를 수밖에 없다. 결국 돈이 없어 거짓말을 하게 되고 인격적으로도 신용을 잃게 되며, 품성마저 떨어지게 된다. 그래서 돈은 매우 귀중한 것이며, 그 소중한 돈을 전적으로 부정하는 것은 바람직하지 않다. 돈의 의미, 돈을 버는 방법 등에 대해 자세히 공부해야 한다.

부자가 되고 싶다면, 경제적 자유를 얻고 싶다면 돈에 관한 잘못된 인식을 바꾸는 작업이 선행되어야 한다. 돈이 나에게 자유를 준다는 사실을 인정하는 것이 첫 번째 작업이다. 내가 하고 싶은 것을 할 수 있게 해주고, 삶에 여유를 가져다주고, 가정에 행복과 평안을 가져올 수 있음을 받아들여야 한다. 돈 많이 버는 사람들을 시기하고 질투할 것이 아니라, 어떻게 하면 그들처럼 부자가 될 수 있는지 연구해야 한다.

기억하라. 돈을 무시하는 자는 결국 돈 때문에 무시당하게 될 것이다.

지금은 자본주의 시대

어릴 때 올바른 경제관을 확립하지 않으면 성인이 된 이후에도 계속해서 돈에 목을 맬 수밖에 없다. 자본주의 사회에서 무엇보다 중요한 돈에 대한 지식, 경제지식, 투자지식, 금융지식 등을 어려서부터 체계적으로 배워야 하건만 현실은 그렇지 않다. 꿈과 희망을 지녀야 하고, 훌륭한 대학을 목표로 달려야 하는 어린 학생들에게 '돈'에 대해 가르치는 것은 우리 사회에서는 무척 저급하고 교양 없는 행위로 여겨지곤 한다.

그 결과 수많은 청년이 사회에 나오자마자 신용불량자로 전락하고, 대다수의 중장년층이 노후대비가 되어 있지 않은 무방비 상태에서 은퇴를 맞이하고 있다. 좋은 대학, 좋은 직장에 들어가는 법만 배웠지 어떻게 하면 돈으로부터 자유로워질 수 있는지, 어떻게 하면 돈에 끌려다니지 않고 돈을 지배할 수 있는지에 대해선 배우지 못했다. 안타까운 현실이다.

대한민국은 자본주의 국가다. '자(資)' '본(本)' 즉, 재물이 근본을 이루는 국가라는 말이다. 당신이 자본주의를 찬성하든 반대하든 그건 중요하지 않다. 언젠가 더 나은 대안체제가 나타나기 전까지 우리는 자본주의 시대를 살아갈 수밖에 없다.

재물, 즉 돈이 근본인 시대에 살고 있으면서도 돈에 대해 배우지 않는 것은 자신이 살고 있는 시대를 인정하지 않겠다는 것과 다름없다. 자신이 처한 자리에서 전혀 잘살고자, 행복하게 살고자 노력할 의지가 없다는 것을 뜻한다.

대한민국은 고도성장의 산업 사회를 넘어 저성장의 지식정보화 사회로 진입했다. 더 이상 직무능력만으로는 큰돈을 벌 수 없게 된 것이다. 벽을 뛰어넘을 발판이 필요한 때다. 스펙에 목맬 때는 지났다. 이제는 돈을 다스려야 한다. 화려한 스펙을 지닌 고학력자 중에도 돈 때문에 허덕이며 생활고를 겪는 사람이 상당하다. 돈에 대한 올바른 가치관을 정립하지 못한 탓이요, 체계적인 교육을 받지 못했기 때문이다.

부는 대물림 된다. 부 자체가 대물려지지만, 돈에 대한 가치관이 대물림되기 때문이다. 유대인이 전 세계의 부를 장악하고 있는 것은 우연이 아니다. 그들은 어렸을 때부터 돈을 쓰는 법, 돈을 버는 법, 돈을 불리는 법에 대해 교육을 받는다.

조금 뒤로 물러나 장기적인 시각으로 인생을 바라보길 바란다.

눈앞의 단기적인 문제에만 집착하면 우리의 삶에 여유가 존재할 틈이 없다. 중·고등학생 때는 사회가 알아주는 대학만을 목표로, 대학생이 되어서는 안정적이며 연봉이 높은 직장만을 목표로, 직장에 들어가서는 승진만을 목표로, 나이 든 이후에는 노후대비만을 목표로 사는 치열한 삶. 그 끝에 추구하고 있는 것은 나를 위한 삶이 아니라 결국 '돈'이다. 돈이라는 본질적인 문제가 해결되지 않았기에 평생 눈앞의 단기적 목표를 바라보며 준비만 해야 하는 것이다.

앞선 세대의 미흡한 노후준비는 사실 자녀를 향한 헌신적 지원의 결과라 해도 과언이 아니다. 자녀가 조금이라도 더 좋은 학교, 직장을 거쳐 경제적 풍요를 누리며 살기를 원하는 것이 부모의 마음일 테니. 이를 위해 우리의 부모세대는 자발적으로 헌신하고 희생하며 돈의 지배를 받기를 자청했는지도 모른다.

이제 우리가 그 바통을 이어받을 차례다. 지금이야말로 그 악순환을 끊어버릴 때다. 더 이상 돈을 더 벌기 위한 직장, 그 직장에 가기 위한 대학을 위해 살지 말아야 한다. 그 너머에 있는 것을 향해 나아갈 수 있어야 한다.

그러려면 우선 제대로 된 경제 마인드, 투자 마인드, 부자 마인드가 몸에 배어 있어야 한다. 오늘날 유태인이 전 세계를 쥐락펴락하는 것은 어렸을 때부터 부모가 삶의 치열함을 몸소 가르쳐왔고 그에 걸맞은 경제교육을 시켜왔기 때문이다. 돈의 달콤함보다 혹독함을 일찍이 깨우친 까닭이다.

돈에 대한 올바른 가치관을 갖추고 제대로 된 교육을 받자. 쓰디

쓴 돈의 맛을 보아야 한다. 돈의 혹독함을, 처절함을, 소중함을 깨달아야 한다. 그것만이 가난의 사슬을 끊고 돈을 다스릴 수 있는 길이다. 아직 늦지 않았다. 살아갈 날이 훨씬 더 많은 우리이기에, 하루라도 더 빨리 느끼고 배울 수 있다면 시간이 흐른 뒤에는 지금과 전혀 다른 삶을 살게 될 것이다.

부자가 되기를 갈망하라. 그러한 태도가 당신을 경제적 자유의 길로 안내할 것이다.

부유한 악마 vs 가난한 천사

당신 주위에는 부자라 일컬을 만한 사람이 존재하는가? 우리 같은 보통 사람은 재벌급 부자들과 평생에 한 번조차 마주칠 일이 있을까 말까 할 정도다. 사람들은 결국 자신과 비슷한 수준의 사람들과 교류하는 속성을 지녔기 때문이다.

그런 우리가 부자들을 접하는 가장 쉬운 방법은 미디어를 통해서다. 특히 드라마나 영화에 종종 그려지는 재벌의 모습은 한결같이 정형화되어 있다. 굳이 눈을 감고 상상하려 애쓰지 않아도 뻔히 머릿속에 그려지는 레퍼토리가 존재한다.

잘 먹어서인지 키도 크고 이목구비 뚜렷한 부잣집 아들은 고급 스포츠카를 몰고 다니며 유흥업소에서 흥청망청 돈을 낭비한다. 딸이라면 부모의 카드로 날마다 명품을 쇼핑하는 등 사치를 일삼는다. 사람 알기를 우습게 알고 예의라곤 눈곱만큼도 찾아볼 수 없으며 버르장머리가 없어 집에 들어가면 부모를 본 체도 하지 않는다. 부잣집 가장은 보통 재벌 회장으로 그려지는데, 인색하기 짝이 없고 자기만 아는 이기적인 인간말종이다. 원하는 것을 얻기 위해서라면 수단과 방법을 가리지 않고, 범죄조차 저지른 뒤 돈으로 입막음을 해버린다. 가족구성원 간에 따뜻한 사랑이나 화목한 모습은 찾을 수 없고, 불화와 갈등이 끊이질 않는다. 결국 자식이 부모를 배신하고, 형제는 남남이 되며, 서로 재산 다툼을 하다 풍비박산이 나곤 한다.

반면 텔레비전 속 가난한 가정은 어떤가. 단칸방에 복작복작 살면서도 늘 웃음을 잃지 않고 씩씩하게 생활한다. 자녀는 부모를 공경하고, 형제자매는 우애가 돈독하며, 가장은 보잘것없는 일이라도 자부심을 가지고 최선을 다한다. 늘 서로를 아끼고 사랑하기에 매사에 긍정적이고 열정적이다. 때로 돈이 없어 비참함을 느끼는 순간이 오기도 하지만 그마저도 끈끈한 가족애로 극복한다.

그런데 이것이 정말 진실일까? 안타깝지만 틀렸다. 현실은 이와 정반대라고 해도 과장이 아니다. 오히려 풍족한 가정이 삶의 만족도가 높기에 여유가 넘치고 다툼이 적다. 다양한 사람을 만나고, 수준 높은 교육을 받고, 사랑을 받으며 자라난 부잣집 자녀는 온화하고 예의가 바르다. 일부 무례한 부자들의 모습만 강조되는 탓에 왜곡된 것이다. 반면 가난한 가정의 가족들은 돈에서 비롯된 갖가지 갈등으로 지긋지긋한 삶을 간신히 버텨내야 한다. 근심과 걱정이 떠나질 않고, 가족끼리 갈등을 겪다가 돌이킬 수 없는 범죄로 이어지기까지 한다.

그렇다면 우리의 머릿속에는 어째서 왜곡된 부자상이 자리 잡게 된 것일까. 이것이 바로 미디어, 대중매체의 힘이다.

텔레비전 드라마의 시청률을 올려주는 시청자는 대한민국 상위 1% 재벌이 아니다. 평범하고 일반적인 보통의 서민이다. 그들로부터 인기를 끌고 사랑을 받기 위해 제작진은 적당한 공감대를 형성하고, 대리만족용 환상과 희망을 그려낸다. 그래서 소위 대박나는 드라마에는 늘 잘생긴 재벌집 아들과 가난하지만 아름다운 여인의 러브스토리가 존재하는 것이다. 다큐멘터리는 또 어떤가. 언제나 주인공은 가난하지만 열심히 사는 서민이다. 현실은 고달프지만 곧 상황이 나아지길 꿈꾸며 힘들어도 웃는 사람들 말이다.

반면에 부자를 다룬 다큐멘터리는 드물다. 부자들일수록 더 열심히 일하고 부지런히 공부했기 때문에 높은 자리에 오를 수 있었을 것이다. 그가 투자로 돈을 벌었다면 남들보다 더욱 발품을 팔았을 것이고, 사업으로 부를 이뤘다면 치열한 전략이 뒷받침됐을 것이다. 이러한 노하우는 꿈을 꾸는 모든 이에게 유용한 정보가 될 수 있다. 그럼에도 다큐멘터리에서 부유한 사람을 쉬이 볼 수 없는 이유는 무엇일까.

아마도 럭셔리한 외제차를 끌고 화려한 고급 아파트에 살며 운전기사와 가정부를 거느리고 있는 모습이 대중에게 위화감을 조성한다는 이유일 것이다. 공감대를 형성하는 대신 반감이 일어나고,

방송 후에는 온갖 악플이 달릴 것이다.

괭장한 모순이다. 가난하지만 열심히 사는 이들에게는 응원과 격려와 위로를 보내면서, 부유하지만 열심히 사는 이들에게는 시기와 질투어린 저주를 퍼붓는다. 돈 많으면 나쁜 놈이고, 가난하면 착한 사람인 것이다. 하지만 정말 그럴까. 정말 착해서 가난한 것이고, 나빠서 부자가 된 것일까.

미디어에 속아선 안 된다. 진실은 불편한 법이다. 부모로부터 부를 물려받은 사람도, 악착같이 돈을 모아 부자가 된 사람도 당신으로부터 욕먹을 짓은 하지 않았다. 부자들은 나쁘다는 일반화의 오류에서 벗어나길 바란다. 그들은 남들보다 돈의 가치를 조금 더 일찍 깨닫고, 돈을 다스리는 법을 터득했기에 그 자리까지 오를 수 있었던 것뿐이다.

만약 당신이 치열하게 돈을 벌어 부자의 반열에 오른다면, 당신은 스스로를 어떻게 평가할 것인가. 입장을 바꾸면 답이 보이기 마련이다.

가난은 치명적인 질병

개인적으로 가난보다 더 가혹하고 무서운 것은 없다고 생각한다. 가난은 단순히 불편함으로 치부하고 그칠 문제가 아니다. 가난은 매우 치명적인 질병이며, 다른 모든 질병의 숙주가 되기도 한다.

가난은 인간이 마땅히 누려야 할 기본적인 욕구를 충족하지 못하게 방해한다. 먹고 싶은 것을 먹지 못하게 하고, 하고 싶은 것을 하지 못하게 한다. 도리어 하기 싫은 것을 억지로 하게 만든다. 이것이 가난이라는 질병이 지닌 가장 무서운 점이다.

충분히 살 수 있는데 아끼려고 일부러 사지 않는 것과, 돈이 없어서 사지 못하는 것은 천지차이다. 특히나 한창 감수성이 예민하고 정서적으로 불안한 성장기에 겪는 가난은 자신감 상실, 학교 부적응, 폭력, 일탈 등의 거칠고 자극적인 형태로 표출되기도 한다. 그러나 모두가 알고 있다. 헛되이 보낸 학창시절이 이후의 삶에 얼마나 절대적인 영향을 미치는지.

가난은 사람을 주눅 들게 만든다. 화려한 곳에 가면 괜히 위축이 된다. 그러다보면 거부감이나 반감이 생기게 되고, 부유한 계층이나 사회 전반에 부정적인 시각을 갖게 된다. 잘나가는 이들에게 무언가 배우려는 태도보다는 시기와 질투를 하며, 자신의 가난을 합리화하고자 사회구조를 원망한다. 절도, 강도, 폭력, 살인 등의 범죄나 자살과 같은 일의 대부분은 가난, 즉 돈이 없음에서 기인한다.

그렇기에 가난은 치명적인 질병이다. 반드시 고쳐야 한다. 하지만 안타깝게도 이 질병은 완치되지 않는다. 형편이 나아지는 것 같아 조금이라도 방심하면 언제고 다시 재발하고 만다. 그뿐 아니다. 이 질병은 전염성도 지니고 있어 가족이나 주위 지인들에게도 영향을 미친다.

이처럼 세상에는 심각한 질병을 인식하지 못하고 사는 이들이 굉장히 많다. 세상을 향한 독기어린 비판을 쏟아내고, 돈에 쪼들려 늘 근심이 가득하고, 열등감으로 스스로를 사랑하지도 못하는 사람들. 돈이 없어 연애도 못하고 공부도 할 수 없으며 병원에도 갈 수 없다. 아이를 낳거나 꿈을 좇을 용기도 없다. 적성에도 맞지 않는 일을 억지로 하면서 하루하루 돈의 노예로 살고 있다.

부모로부터 이 병을 물려받은 사람이라면 상황은 더욱 심각하다. 완치가 어렵기 때문이다. 심지어 그의 2세에게도 자연스럽게 전염된다. 서러운 현실이지만 가난은 그렇게 대물림된다.

이제 인정해야 한다. 남 탓으로 돌리며 스스로를 위로하는 시간 낭비는 그만둘 때다. 가난이 치명적인 질병이라는 사실을 직시하고 인정하자. 어떻게든 완치되어야 한다는 뜻이 아니다. 지금 당신에게 가장 중요한 것은, 가난이 '병'이라는 사실을 인식하고 받아들이는 과정이다.

인정하고 싶지 않을 수도 있다. 하지만 사실이다. 당신 주위에서 벌어지고 있는 문제의 근원은 대부분 돈이다. 당신이 가지고 있는 고민의 대부분도 역시 돈에 의한 것이다. 가난이라는 치명적인 질병을 앓고 있으면서, 이것이 병이라는 생각조차 하지 않고 치료 시도조차 하지 않으니 병은 악화될 뿐이다.

다시 한 번 강조하고 싶다. 가난은 매우 치명적인 질병이다. 당신은 이 불편한 진실을 인정할 준비가 되었는가? 그리고 이 병을 고쳐보겠다는 마음을 먹었는가?

결국
돈이 먼저다

돈이 우리의 인생에서 가장 중요한 가치인가? 당연히 아니다. 그러나 돈은 인생에서 중요한 거의 모든 것에 영향을 미치는 존재다.

돈으로 인해 우리는 둘 중 하나의 삶을 살게 된다. 노예이거나 자유인이거나. 돈이 없으면 내 인생의 주도권을 다른 이에게 맡겨야 한다. 존경하지도 않는 사람 밑에서 억지로 웃으며 일해야 하고, 적성에도 맞지 않는 일에 시간과 에너지를 낭비해야 한다. 돈을 벌어야 하기 때문에.

만약 내가 충분한 부를 가지고 있다면, 나는 자유로운 삶을 얻을 수 있다. 돈의 주도권, 내 인생의 주도권을 소유할 수 있다. 경제적 자유를 얻게 되면 궁극적으로 인생에서도 자유를 얻을 수 있다는 뜻이다.

스스로에게 솔직해질 필요가 있다. 내가 진짜 꿈꾸는 삶은 무엇인지, 진짜로 원하는 삶은 어떤 모습인지 말이다. 가슴 속에 억누르고 있던 열정을 표출하고 싶은가? 돈이 있다면 직장을 그만두고 언제라도 그 꿈을 따를 수 있다. 어려운 이웃을 도우며 살고 싶은가? 돈이 있으면 보다 풍요롭고 실질적인 도움을 줄 수 있다. 화목한 가정을 이루며 평범하게 살고 싶은가? 돈이 없으면 그 평범한 일상조차 유지하기 힘든 게 현실이다.

어쩌면 인생에서 이념의 문제는 크게 중요한 것이 아니라는 생각도 든다. 굳이 세상이 어떠한 모습이어야 한다며 개똥철학으로 떠들 필요도 없다. 지금 이 순간에도 대다수의 서민은 가족을 먹여 살리기 위해 하루하루 투쟁하고 있고, 극빈층은 그마저도 힘들어 막막한 실정이니 말이다.

그런데 이상하게도 많은 사람이 부자를 꿈꾸면서도 그러한 욕망을 갖는 것에 묘한 거북함을 느끼곤 한다. 두려움일지도 모른다. 경제적 자유를 한 번도 경험해보지 않은 까닭에 감히 엄두가 나질 않는 것이다. 그 마음 한구석에 자리한 저항감이 자신을 계속 현실에 머무르게 한다.

이젠 바꿔야 한다. 부자가 되겠다는, 경제적 자유를 얻겠다는, 내 인생의 주도권을 누구에게도 빼앗기지 않겠다는 간절한 열망을 가져야 한다. 또한 그 열망이 언젠가 반드시 이루어짐을 강하게 확신해야 한다. 이러한 마인드가 내재되어 있지 않은 상태에서는 책 몇 권 읽는다고 절대 부자가 될 수 없다.

자신이 꿈꾸는 삶의 모습을 그려보자. 근사한 집, 멋진 차, 해외 여행, 화목한 가정, 삶의 여유…. 비록 현실을 돌아보면 감히 이룰 수 없는 환상과도 같지만, 언젠가 반드시 누리고야 말겠다는 강한 의지가 필요하다. 칠흑 같은 어둠 속에서도 미래에 대한 밝음을 노래할 수 있어야 한다.

부자 되기를 갈망하자. 그것이 이루어질 것을 확신하자. 모든 것은 바로 거기에서 시작된다. 종잣돈 모으기, 투자기법, 풍부한 인적 네트워크 같은 것들은 전부 그 이후의 일일 뿐이다.

부자들이 주위에 두지 않는 사람

내가 절대 주변에 두지 않는 부류가 있는데, 이는 불평불만과 푸념을 입에 달고 사는 이들이다. 이는 내 주변의 부자들의 습관이기도 하다. 사실, 부자는 부자가 아닌 자와 어울릴 일이 없다. 하지만 부자가 아니어도 긍정적이고 열정적인 이들과는 함께 어울리기도 한다. 그들을 진심으로 돕고 싶기 때문이다. 하지만 부정적이고 푸념을 입에 달고 다는 사람, 함부로 타인의 성과를 비아냥대는 사람, 그런 이들은 절대 주변에 두지 않는다.

그들은 마치 남의 피를 빠는 뱀파이어처럼 주변에 존재하는 긍정과 열정의 기운을 빼앗곤 한다. 인터넷상에서는 악플러로 왕성한 활동을 벌인다. 남이 잘되는 꼴은 죽어도 못 본다. 부모 탓, 정치인 탓, 세상 탓을 하느라 키보드에 불이 날 지경이다. 마치 세상 모든 이치를 이미 다 꿰뚫고 있다는 태도로 남들을 비판하느라 바쁘다.

"저 배우는 이쁘기만 하지 연기가 엉망이더라. 다 거품이야."

"그 감독은 선수 기용이 꽝이야. 전술을 저렇게 짜면 어떻게 해?"

"주식? 그거 다 도박이야."

"부동산 시대는 이제 끝났어. 대폭락만 남았지."

"쯧쯧, 돈 많이 벌었으면 기부나 할 것이지…."

정치가 어떻고, 세상이 어떻고, 잘나가는 누구는 이게 문제고, 성공한 누구는 그저 운이었다는 등 어떻게든 깎아내릴 흠을 찾아 억지를 쓴다. 이런 이들에게 눌려버린 사회에서 성공하거나 부유한 사람이 드문 것은 어쩌면 당연할지도 모른다.

부자가 되고 싶다면, 이런 사람을 멀리해야 한다. 성공적인 미래를 위해 새로운 것을 시도할 때마다 트집을 잡으며 에너지를 쪽쪽 빼먹는 부류 말이다.

멋진 몸매를 위해 운동을 시작하려 하면 그들은 이렇게 말한다.

"그거 다 부질없는 짓이야. 운동 몇 번 한다고 몸짱될 것 같아?"

자기계발을 위해 아침 일찍 외국어 학원을 등록하려 하면 이렇게 말할 것이다.

"소용없어, 외국어는 무조건 해외에 나가야 돼. 백날 공부해봐라, 외국인 만나서 한마디라도 꺼낼 수 있나."

부자가 되기 위해, 경제적 자유를 얻기 위해 열심히 종잣돈을 모으며 공부하려 하면 이런 말이 돌아올 것이다.

"네가 아무리 그런다고 부자가 될 수 있을 것 같아? 돈 많은 부모

만나면 장땡이야. 다 집어치우고 그럴 돈 있으면 술이나 한잔 사."

그런데 희한한 건 인터넷상에서는 그렇게 잔인한 말을 서슴지 않던 사람들이, 자신과 형편이 비슷하거나 낮은 수준의 지인 앞에서는 그토록 당당하던 사람들이, 꼭 지위와 부를 지닌 힘 있는 자 앞에서는 굽실거리고 과잉친절을 베풀더라는 것이다. 어쩌면 그들은 너무도 가지고 싶지만 자신은 차마 엄두를 내지 못하는 가치에 애증을 느끼고 있는 건지도 모르겠다.

이처럼 매사를 부정적으로 보는 사람, 긍정적인 에너지를 빼앗아 가는 사람, 항상 불평불만에 신세한탄으로 바빠 정작 아무것도 실행하지 않는 사람, 그토록 비판하는 부의 가치를 누구보다 잘 알기에 열등감으로 배배 꼬인 사람… 부자가 되고 싶다면 당신은 이런 사람들과 거리를 두어야 한다. 물론 당신이 그런 사람이 되지 않아야 함은 말할 필요도 없다.

항상 긍정적인 마인드로 세상을 바라보자. 긍정의 기운과 힘찬 열정의 에너지가 우리를 휘감아 그 어떤 장애물도 물리칠 수 있도록 단단히 무장하자. 나의 일에서 성공할 수 있음을, 나는 부자가 될 수 있음을, 나는 경제적 자유를 얻을 수 있음을 의심하지 말고 자신을 믿으며 앞으로 나아가자. 그 누구도 내가 가는 앞길을 방해하지 못하게 막아내자.

혹시나 당신의 지인 중에 심각하게 부정적인 자들이 있다면, 안타깝지만 어느 정도 거리를 두길 권한다. 부정적인 에너지는 상상 이상으로 전염성이 강하기 때문이다. 이런 사람을 가까이 하면 잘

될 일조차 안 된다. 열정의 불꽃을 계속 꺼버리기 때문이다. 주위를 조금만 둘러봐도 이런 사람들을 쉽게 찾을 수 있다. 당신의 성공은 누구보다 시기하지만, 당신이 실패를 겪으면 감정적인 위로를 건네며 스스로를 위안하는 사람들.

긍정적인 자들을 가까이에 두자. 매사에 밝고 희망찬 미래를 다짐하며 노력하는 자들로 자신의 주변을 가득 채우자. 절대 부정적인 투덜이들이 주변을 얼씬거리게 놔두지 마라.

당신의 야망을 깔보는 사람을 멀리하라. 하찮은 사람은 항상 남을 깔보기 마련이다. 정말 위대한 사람은 남들도 똑같이 위대해질 수 있다는 희망을 심어주는 사람이다.

소설가 마크 트웨인의 말이다. 세상은 절대적으로 밝지도 어둡지도 않다. 모든 것은 나에게 달렸다는 사실을 명심하자. 인생은 내가 어떤 마인드로, 어떤 방향으로 삶을 이끌어나가느냐에 달린 것이다. '나는 잘될 것이다, 나는 성공할 것이다'라고 되뇌자. 끊임없이 긍정적인 에너지를 내뿜으며, 동시에 그 믿음이 거짓이 아님을 증명하기 위해 계속해서 배우고 익히고 실천하자. 밝고 희망찬 미래를 꿈꾸며 뚜벅뚜벅 걷자. 그리고 여전히 같은 자리에 머물며 나를 깔보려 애쓰는 그들에게 이렇게 한마디 날려 보는 것은 어떨까?

"당신이나 평생 그렇게 사슈!"

밥벌이는 언제나 고단하다

평균적으로 대한민국에서 여성은 20대 중반, 남성은 20대 후반에 처음 사회로 진출하게 된다. 물론 누군가는 고등학교를 졸업하자마자 사회에 진출하기도 할 것이고, 연예인이나 운동선수처럼 특별한 진로를 선택한 이들은 그보다 더 이른 시기에 프로의 세계에 뛰어들기도 한다. 반대로 대학원에 진학하는 등 학업을 연장하거나 특정 전문직 자격증을 따기 위해 오랜 시간을 투자해야 하는 이들은 서른이 넘어서 사회에 나오기도 할 것이다. 하지만 차이는 1~3년이고, 보통은 앞에서 언급한 연령대에 사회로의 첫발을 내디딘다.

사회에 진출한다는 것, 프로의 세계에 뛰어든다는 것, 더 이상 학생이 아니라는 것은 여러 가지 의미를 담고 있다. 그 의미를 고상하게 표현할 수도, 아름답게 미화할 수도, 철학적으로 설명할 수도 있겠지만, 축약해 한 문장으로 나타낸다면 '돈을 벌기 시작한다는 것'이 되겠다. 마침내 부모라는 울타리에서 벗어나 사회라는 전쟁터에 뛰어들어 제 '밥벌이'를 시작한다는 것이다.

내 몫의 밥벌이만 하다가 결혼을 하게 되면 내가 벌어야 할 밥은 두 배가 된다. 자식이 생기면 서너 배를 더해야 한다. 직업이라는 것은 꿈, 포부, 능력, 적성, 재능 등에 기반을 두고 신중히 선택해야 하지만, 밥벌이 수단으로써는 선택의 폭이 넓지 않은 것이 현실이다. 그 선택이 용케도 자신이 추구하는 가치와 딱 맞아떨어져 평생 누비고 다니는 사람이 있는가 하면, 누군가는 당장의 밥벌이에만 집착하다보니 자신에게 맞는 옷을 찾지 못하고 평생을 방황하며 살기도 한다.

나와 맞는 곳이든, 맞지 않는 곳이든 관계없이 밥벌이란 것은 참 고단하다. 사회생활의 힘겨움, 인간관계에 대한 실망 등으로 많은 사람이 심신의 고통을 겪곤 한다. 하지만 이보다 더 비극적인 현실이 기다리고 있는데, 바로 이 밥벌이의 기간이 한정되어 있다는 점이다. 아무리 내가 보람을 느끼고 행복하게 일하고 있다 해도 평생토록 지속하긴 어렵다.

그렇기에 지금 밥벌이를 위한 고된 노동을 하고 있다면, 그 고생은 축복임이 분명하다. 노동이 가능한 기간은 짧게는 30~50세, 아무리 길어도 25~60세다. 결국 우리는 20~35년 정도밖에 그 고생을 할 수 없다. 더 정확히 말하자면, 이 기간이야말로 그런대로 상승곡선을 그리며 그럴듯한 밥벌이를 할 수 있는 시기라는 것이다. 정년이 갈수록 짧아지고 있어 현직에서 60세까지 머무는 일도 이젠 드문 현상이 되어버렸다.

여기서 아주 치명적이고 참담한 문제가 발생한다. 인간이 60세까지만 산다면 사실 별 문제가 되지 않는다. 하지만 의학의 발달로 평균수명이 쭉쭉 연장된 지금, 우리는 100세 시대를 바라보고 있다. 내가 어렸을 때만 해도 부모님을 따라 동네 어르신들의 환갑잔치에 종종 따라다닌 기억이 있다. 하지만 요즘 누가 환갑잔치를 하는가. 한다 해도 가족들과 조촐하게 모여 식사를 하는 정도다. 바야흐로 이제 60세는 노인 축에 끼지도 못하는 시대가 온 것이다. 환갑을 맞이하고도 향후 30년 이상의 삶을 더 기대할 수 있는 것이 현대인의 숙명이 되었다.

수명은 늘고 있는데 정년은 짧아진다. 많은 기업이 할 수만 있다면 최대한 젊은 인재를 채용해 조직에 활력을 불어넣고 싶어 한다. 결국 회사에 한 평생 충성하고 몸 바쳐 살다가 60세가 되기 전에 얼마 되지 않는 퇴직금을 받고 쫓겨나다시피 나오게 되는 것이다. 재앙은 여기서 시작된다. 극소수를 제외하고는 그동안 생활비며, 자식들 교육비와 양육비를 대느라 노후준비를 할 여유가 없었다. 그러다보니 그 나이에 또 다른 밥벌이를 준비해야 한다. 사업의 '사'자도 모르는 이는 조금이라도 성공 가능성을 높이기 위해 프랜차이즈의 힘을 빌리고, 누군가는 이름조차 없는 자영업을 시작한다. 그마저도 힘에 부치는 사람은 또다시 저임금을 받으며 조그마한 소일거리라도 구하러 다닌다. 그렇게 평생 노동의 쳇바퀴를 돌리다 생을 마감하는 것이 대부분 서민의 삶이다.

물론 노동이란 소중한 것이다. 단순한 생계수단을 넘어 자아실현과 성찰의 상징이기도 하다. 하지만 누군가에게는 이런 말이 사치로 여겨질 것이 분명하다. 여건만 된다면 지금이라도 당장 사표를 날리며 회사를 뛰쳐나오고 싶은 이가 한둘이 아닐 것이다. 젊을 때는 사서 고생하기도 한다지만, 그래서 자신이 꿈꾸는 분야에서 온갖 경험을 쌓으며 성장한다지만, 언제까지 그렇게 살 수 있겠는가. 아들, 손자, 며느리까지 본 60대의 시각으로는 이미 많은 것이 달라져 있으리라.

경제적 자유가 진짜 자유다

자유롭고 싶지 않은가? 어느 날 문득 여행이 떠나고 싶을 때 떠날 수 있는 자유, 오늘 아침은 출근하지 않고 늦잠 한번 푹 잘 수 있는 자유, 도전해보고 싶은 일에 언제든 도전해볼 수 있는 자유, 늘 꿈꿔왔던 로망을 현실에서 이루는 자유….

이 모든 것을 이뤄줄 수 있는 열쇠가 바로 '경제적 자유'다. 이는 단순히 월급이 많거나 돈이 많다는 의미가 아니다. 내가 일하지 않아도 돈이 들어오는 시스템을 만든다는 뜻이다. 내게 돈을 줄 누군가에게 의존할 필요도, 나의 미래를 저당잡힐 이유도 없다는 것이다.

선택할 시간이다. 경제적 자유를 얻어 진정한 자유를 누릴 것인가, 누군가에게 종속되어 평생 끌려다니는 삶을 살다 생을 마감할 것인가.

부모님에게, 회사에게, 국가에게 마냥 나의 미래를 걸고 기다릴 수는 없는 일이다. 우리에게는 경제적 자유를 이루어 진짜 자유를 얻으리라는 확고한 결심이 필요하다. 어마어마한 재벌이 되자는 것이 아니다. 적어도 내가 늦잠자고 싶을 때 늦잠을 자고, 문득 떠나고 싶을 땐 잠시 떠날 수 있는 자유를 말하는 것이다. 물론 별것 아닌 것처럼 들릴지도 모르겠다. 그러나 다들 아시지 않은가. 직장이나 돈에 매인 사람에게는 그러한 자유를 누리는 일이 거의 불가능에 가깝다는 것을.

경제적 자유는 조건을 따지지 않는다. 어떤 집안에서 태어났든, 어떤 직업을 가지고 있든, 성별이나 나이가 어떻든 아무 관계없이 누구나 이룰 수 있다. 경제적 자유의 핵심은 단순히 돈이 많다는 것을 뛰어넘어, 더 이상 어떤 것에도 얽매이지 않는다는 데 있다. 하루라도 일하지 않으면 돈을 벌 수 없기에 나 자신도, 가족까지도 내팽개쳐야 하는 안쓰러운 가장의 모습에서 벗어날 수 있다. 내가 사랑하는 사람들과 더 많은 시간을 보낼 수 있고, 하고 싶은 일을 하며 자기계발을 할 수도 있다.

누군가에게 경제적으로 의존할 경우, 우리는 평생 상대방의 눈치를 보며 잘 보이고자 온갖 노력을 다해야 한다. 언제까지 그렇게 살 수는 없는 노릇 아닌가. 하루라도 빨리 경제적 독립을 이루자. 그러한 진정한 자유의 밑바탕에는 경제적 자유가 존재한다.

현금흐름이 발생하는 자산을 소유하는 것만이 우리를 경제적 자유로 이끌어줄 것이다. 계속해서 그러한 자산을 늘려나가는 것을 목표로 삼아야 한다. 연봉을 끌어올리는 것에만 집착하지 말고 나를 대신해서 일해줄 일꾼, 즉 자산을 만들어야 한다.

처음에는 일꾼 한 명 만드는 것조차 쉽지 않을 것이다. 시작 단계가 경제적 자유를 누리는 전체 과정 중 가장 힘겨운 부분이다. 지루할 것이고 진행이 매우 더딜 수도 있다. 그러나 이겨내야 한다. 포기해선 안 된다. 어차피 시간은 계속해서 흐르고 우리는 나이를 먹는다. 하루라도 젊을 때 계속해서 자산 만들기에 몰두해야 한다.

일단 하나가 만들어지면 그 후에는 점점 속도가 붙는다. 본업과 병행하는 것도 점점 더 익숙해질 것이고, 황금 같은 자산을 찾는 법이나 그 자산을 내 것으로 만드는 내공 또한 점점 쌓여갈 것이다. 그러다보면 어느 순간 자산 증가에 속도가 붙기 시작한다. 이는 당신이 생각하는 것보다 훨씬 더 빠를 것이다.

10년 동안 10억을 벌었다고 해서 해마다 1억씩 번 것이 아니다. 첫 해에 1000만 원, 이듬해에 3000만 원, 3년째에는 5000만 원, 그 다음 해에는 1억, 3억, 5억, 8억… 당신이 투자에 대한 내공을 쌓아갈수록 증가 폭은 커지고 속도는 빨라진다. 그러니 처음 몇 년은 자산 증가의 속도가 굼떠 지루하더라도 견뎌낼 수 있어야 한다.

인생은 생각보다 길다. 연봉 올리기에 충실하다가 50대에 정년을 맞이해도 남은 50년의 인생을 더 살아야 한다. 할머니, 할아버지가 되어 편의점에서 아르바이트를 하는 모습은 결코 일어날 수 없는 일이 아니다.

하루라도 빨리 경제적 자유를 꿈꾸자. 그리고 공부하자. 투자하

자. 당신의 자산에서 발생하는 현금흐름만으로도 생활이 가능해질 때, 당신은 마침내 경제적 자유의 문턱을 넘게 될 것이다.

Part 2

월급쟁이 부자는 없다

회사는 더이상

당신을 책임져주지 않는다.

변화하는 부의 패러다임을 읽어라

그런 시절이 있었다고 한다. 어지간한 4년제 대학에만 들어가면 취업이 술술 되던 시절. 취업 걱정은 딴 세상일이던 시절. 직장에서 남부끄럽지 않게 노력만 하면 정년이 보장되고 결코 적지 않은 연봉을 벌어들이던 시절… 이직이니 경력관리니 하는 이야기는 소수에게만 해당됐다고 한다. 어떤 집이든 마련한 뒤에 다달이 은행 대출금을 갚아가다 보면 어느덧 집값은 눈덩이처럼 불어나 있었다고 한다. 은행 이자가 10%를 훌쩍 넘어 예·적금만으로도 쉽게 돈을 굴렸고, 재테크 기법이니 투자 마인드니 하는 용어들은 존재하지도 않았다고 한다.

그러나 세상은 변했다. IMF라는 듣도 보도 못한 이름이 연일 신문지면을 뒤덮은 이후로 세상은 변해버렸다. 잘 다니던 직장에서 갑자기 잘리는 바람에 양복을 입고 아침마다 산으로 향하는 진풍경이 벌어지고, 잘려나간 동료와 같은 처지가 되지 않기 위해 끝없이 자기계발이라는 몸부림을 쳤다. 금리는 급하강하더니 도대체 이것도 이자라고 돈을 맡기라고 하는 것인지 어이가 없는 상황이 벌어졌다. 그렇다고 딱히 대안 투자처를 찾을 수 있는 것도 아니었다.

노란 머리에 파란 눈을 한 도둑놈(?)들은 도와준답시고 국내에 들어와 헐값에 국부를 빼앗아갔다. 그마저도 안 팔았으면 국가가 날아갈 판국이었기에 눈물을 머금고 내줄 수밖에 없었다. 재테크 열풍, 부자 열풍, 창업 열풍이 불었고 사람들은 그때마다 불나방처럼 이리저리 몰려다녔다. 명절 인사는 "새해 복 많이 받으세요!"에서 어느 기업 CF에 등장한 "부자되세요!"로 바뀌기도 했다. 목돈을 만들 목적으로 은행 적금을 들던 사람들은 펀드에 가입하기 시작했고, 수익률이 어떻고, 펀드매니저는 누구고, 운용기관은 어디인지 살펴봐야 하는 처지가 되었다. 펀드매니저라는 이유로 순식간에 1등 신랑감이 되어 있기도 했다.

어느 하나 만만한 곳이 없었다. 산업 자본주의에서 금융 자본주의로 전환된다느니, 신자유주의는 어떻다느니, 글로벌 동조화는 이렇다느니 하는 말로 평범한 소시민은 머리를 싸매야 했다. 이제는 산업화 시대를 넘어 지식정보화 시대로, 더 나아가 금융과 문화의 시대로 탈바꿈한다고 했다.

그 와중에 2008년 미국에서는 서브프라임 모기지 사태라는 것이 터지더니 갑자기 멀쩡하던 주식과 부동산 등의 자산가치를 급락시

켰다. 도대체 미국인이 주택담보대출 이자를 갚지 못한 것 때문에 왜 내 돈이 사라져야 하는지 이해할 수 없던 사람들은 혼란에 빠졌다. 앞으로는 내 집 한 칸 마련하려면 동네 부동산중개소 사장님한테 집 나온 거 있냐고 묻기 전에 글로벌 경제뉴스에 촉각을 곤두세워야 한단다. 참으로 이상한 세상이 오고야 만 것이다.

바야흐로 자본과 금융 중심으로 돌아가는 세상이 펼쳐지고 있다. 떡볶이도 학교 앞 할머니가 만들어주는 게 아니라 깔끔하게 정돈된 프랜차이즈 업체에서 알바생들이 만들어준다. 특정 지역에만 가야 맛볼 수 있던 특산물이나 음식을 이제는 전국 어디서나 먹을 수 있게 되었다. 떡볶이 가게의 손님으로 머무는 것이 아니라 주식을 매입하면 주인도 될 수 있는 세상이다. 시험이 끝나면 피자를 시켜주며 열심히 강의하고 고민 상담을 해주던 학원 선생님 대신 집에서 인터넷을 통해 양질의 강의를 제공하는 스타강사들이 등장했다. 나는 수강생인 동시에 그 회사의 주주가 될 수도 있다. 열심히 공부했더니 시험도 합격하고 주가가 상승하면 돈도 버는 희한한 상황이 연출된다.

부동산은 무조건 사놓기만 하면 오른다고 난리더니, 이제는 누가 무식하게 대출을 끼고 집을 사느냐고 주위에서 면박을 준다. 집의 위치는 괜찮은지, 교통은 좋은지, 낡은 곳은 없는지만 보고 사면 되는 줄 알았는데 이제는 부동산도 자산관리의 시대라며 이것저것 계속 공부하게 만든다. 중개업자도 단순 중개를 넘어 자산관리, 투자가치 컨설팅까지 해야 살아남는 시대가 되었다.

세상은 매우 빠르게 변하고 있다. 웬만큼 관심을 갖고 노력하지 않으면 돈을 벌기는커녕 얼마 없는 돈도 빼앗기는 시대가 되었다. 글로벌화되면서 예측하지 못한 수많은 변수가 실시간으로 튀어나온다. 그만큼 자산가치의 변동성은 끝없이 밀려온다. 이에 적절히 대비하고 대처할 수 있는 이는 빠른 시간에 돈을 불려갈 것이고, 적응하지 못하고 도태되는 이는 순식간에 자산을 잃고 말 것이다.

이제는 공부해야 할 때다. 단순히 지적허영이나 자기만족을 위한 차원이 아니다. 살아남기 위해 처절하게 공부해야 한다. 계속해서 읽고, 외우고, 쓰다가 구식이 되어버린 지식들은 비워내고 다시 새로운 것으로 채워 넣어야 한다. 그래야 자신의 자산을 지키며 끊임없이 부를 늘리고 새로운 기회들을 창출할 수 있다. 결코 만만치 않은 시대임을 직시하며 정신을 바짝 차리자. 변화하는 부의 패러다임을 읽고 조금씩 앞서가는 자가 승자의 위치에서 달콤한 결실을 만끽할 수 있다.

이 땅에서 서민으로 산다는 것

일반 대중, 보통 서민에게 있어 가장 큰 관심사는 뭐니 뭐니 해도 먹고사는 문제다. 각자 나름대로 열심히 살지만 형편은 크게 나아지지 않는다. 나와 경쟁하는 모두가 다 그 정도만큼은 열심히 하고 있기 때문이다. 열심히 살지 않는 사람은 더 말할 것도 없다.

이 대한민국에서 먹고사는 문제를 완전히 해결하는 사람은 거의 없다. 청년, 중장년, 노년층에 모두 해당하는 이야기다. 아무리 열심히 일한다고 해도 먹고사는 문제에서 완전히 자유로운 사람은 얼마 되지 않는다.

현재 우리나라 청년실업 문제는 매우 심각한 수준이다. 나라의 미래를 짊어질 20대 청년들을 위한 번듯한 일자리는 계속해서 줄고, 임시직이나 계약직 같은 저임금 일자리만 늘어나는 실정이다. 이는 결국 수많은 근로빈민을 양산하는 결과로 이어진다. 말 그대로 '88만 원 세대'인 것이다.

한 달에 88만 원이라니, 참으로 서글픈 삶이다. 젊은 나이에 먹고 싶은 것, 입고 싶은 것, 하고 싶은 것 줄여가며 열심히 일을 하는데도 먹고살기가 만만치 않다. 그러다보니 수많은 젊은이가 공무원이나 공기업 같은 안정적인 직장에 들어가기 위해 귀중한 청춘의 시간을 쓰고 있다. 그렇게 투자한 시간에 비해 합격의 문이 넓지 않다는 것이 더욱 씁쓸하다.

공무원을 꿈꾸는 이들은 그나마 건강한 편이다. 흙수저, N포세대라 하여 많은 이들이 자기 비하하는 용어들이 생겨났는데, 이에 따라 많은 대학생이 다단계나 성매매와 같은 극단적인 선택을 하는 경우도 급속히 증가하고 있다. 젊을 때 한탕주의의 달콤함을 맛본 이들이 시간이 흐른 뒤 정신 차리고 제대로 살기도 쉽지 않을 것이다. 대한민국 청년들의 삶은 너무도 고되다.

청년들만 먹고사는 문제에 어려움을 겪는 것은 아니다. 한 가정의 가장으로, 책임의 무게가 더욱 큰 우리네 중장년층은 이보다 더한 짐을 짊어지고 있다.

45세 정년을 뜻하는 '사오정'이라는 단어는 더 이상 신조어라 불리지 않는다. 회사라는 치열한 전쟁터에서 살아남는 것은 그만큼 쉬운 일이 아니다. 대다수는 50세를 전후로 조직을 떠나야 한다. 이러한 현상은 앞으로 더욱 심화될 것이고, 제한 연령은 계속해서 낮아질 것이다.

노후는커녕 아직 자식들의 교육도 마치지 못한 상태에서 맞는 퇴직은 가정경제에 치명적일 수밖에 없다. 나이가 들었어도 여전히 돈은 필요하기 때문이다. 결국 대다수 사람들은 퇴직 이후에도 노동의 쳇바퀴에서 벗어날 수 없다. 다시 저임금이라도 주는 일자리를 찾아 헤매야 한다. 너무나 서럽지만, 그것이 대한민국 대다수 중장년층의 현실이다.

이렇게 이어진 노년 이후의 삶을 그려보는 것은 결코 어려운 일이 아니다. 조직에서 떠난 이후 노년의 삶은 더 팍팍할 수밖에 없다. 준비되지 않은 노년의 고통과 절박함은 불 보듯 뻔하지 않겠는가. 나이 든 구직자를 불러주는 곳도 드물고, 그나마도 대부분 허드렛일이라 돈을 번다고 하기에도 부끄러운 액수다. 세월의 풍파로 몸은 성한 곳이 없고, 일정한 수입이 없는 상황에서 병원비, 약값 등을 포함한 생활비를 해결해야 한다는 것은 상상 이상으로 고된 일일 것이다.

즐거운 노동조차 견디기 어려운데, 적성에도 맞지 않고 의미도 찾을 수 없으며 수입도 얼마 되지 않는 일을, 단순히 먹고살아야 한다는 이유로 억지로 지속하는 것은 결코 유쾌한 일이 아니다. 그것을 평생 지속해야 한다니 끔찍하지 않은가. 심지어 평생을 그렇게 일하면서도 경제적인 문제를 해결하지 못한 채 생을 마감하는 사람들이 대다수라는 사실이 우리의 눈앞을 캄캄하게 만든다.

대한민국의 청년층, 장년층, 노년층의 삶은 그 고민의 대상이 달라 보일 뿐, 결국 '돈'이라는 본질적 문제에 빠져 허우적대고 있다는 점에서 일치한다. 삶은 갈수록 팍팍해져만 가고, 뚜렷한 희망이 보이지 않으니 더욱 깊은 절망과 고통 속에 빠지게 된다. 대한민국을 사는 우리들에게 경제적 자유란 꿈만 같은 말이다.

허니문 푸어,
결혼은 사치다

'N포세대', '허니문 푸어'. 돈이 없어 결혼을 할 수 없거나 빚을 진 채 결혼을 했기에 더욱 가난해진 20~30대를 가리키는 말이다. 현재 대한민국 20~30대의 경제적 상황은 처참한 수준이다.

지방 4년제 대학을 졸업한 남성 A에 관한 이야기다. 전형적인 서민층의 가정에서 자란 A는 대입과 동시에 아르바이트를 시작했다. 학기 중에는 수업이 끝나면 편의점과 호프집 등에서 일하며 한 달에 100만 원이 조금 넘는 돈을 벌었으며, 그 돈으로 생활비, 교재비, 교통비에 영어학원 수강료와 자격증을 따는 데 필요한 비용까지 충당해야 했다. 남들에게 뒤처져서는 안 된다는 강박 때문이었다. 스펙을 쌓으며 공부하는 것도 벅찬데, 돈까지 벌어야 하니 A의 부담은 말로 설명할 수 없을 정도였다.

A는 직접 대학 등록금까지 마련해야 했다. 처음에는 어떻게든 아르바이트를 통해서 마련했으나 시간이 흐를수록 감당하기가 쉽지 않았다. 학년이 올라갈수록 학점과 취업준비에 몰두해야 했기에 아르바이트에 많은 시간을 투자할 수 없었다. 결국 A는 학자금 대출을 받게 되었다. 2년간 학자금 대출을 받은 결과, 졸업할 무렵에는 1500만 원 정도의 수준의 빚을 지게 되었다.

졸업 후 A는 어느 중견기업에 취직했다. 고만고만한 학력과 스펙을 가지고서는 대기업에 입사할 수 없었다. 그나마 그동안의 치열한 노력 덕에 튼실한 중견기업에라도 들어온 것이지, 동기들 대부분은 비정규직과 계약직을 전전하는 상황이었다. 27세에 1500만 원이라는 빚을 지닌 채 사회에 첫발을 내딛은 A는 서울로 올라와 회사 근처에 조그마한 월셋방을 얻었다. 보증금 700만 원은 마이너스 통장에 여기저기서 조금씩 빌린 돈으로 마련했다. 다달이 나가는 월세는 40만 원. 180만 원 정도의 월급으로 집세와 생활비를 해결해야 함은 물론, 학자금 대출로 얻은 빚도 갚아야 한다.

이런 상황에서 A에게 연애는 꿈 혹은 사치다. 그저 대학 친구들을 가끔씩 만나 소주 한잔하며 신세한탄하는 것이 유일한 낙이다. 서른이 되기 전까지는 어떻게든 학자금 대출을 갚아 보려고 악착같이 아끼며 한 달에 40만 원씩 적금을 붓고 있다. 하지만 A의 진짜 고민은 다음이다. 애인은 없지만 미래를 위해 결혼비용을 마련해야 할 텐데, 엄두가 나지 않는 것이다. 내 집 마련은커녕 전셋집이라도 구해야 할 텐데, 서울에서 전세 하나를 얻으려 해도 2~3억은 쉬운 가격이다. 대출금을 갚으며 사는 것도 이렇게 벅차고 숨이 막히는데, 억 단위의 돈은 감히 시도조차 할 수 없는 액수다. 막말로 월급을 한 푼도 안 쓰고 차곡차곡 모으기만 한다 해도 10년에 가까운 시간이 걸린다.

A는 앞길이 막막하다. 결혼을 할 수는 있을까. 답이 보이질 않는다. 정말 로또만이 해답일까. 만약 집을 마련하지 못하면 원룸에서 월세로라도 신혼을 시작해야 할 텐데, 이런 처지의 남자에게 누가 시집을 올까. 평생 단칸방에서 벗어나지 못하는 건 아닐까. 많은 생각이 스치며 A의 등줄기에서 식은땀이 흘러내린다. 부모가 원망스럽고 세상이 싫다. 이 나라가 밉다. 누구보다 열심히 치열하게 달려왔는데, 어쩌다가 이렇게 나락으로 떨어진 것일까.

A가 상상하던 미래는 이런 게 아니었다. 회사에서는 능력을 인정받아 승진을 하고, 사랑하는 연인과 알콩달콩한 연애를 하고, 주말에는 자신의 자동차로 여유롭게 교외로 바람을 쐬러 나가고, 차곡차곡 저축한 돈으로 근사한 내 집도 마련해 멋진 결혼 생활을 시작할 줄 알았다.

그러나 A의 현실은 너무도 버겁다. 대출금 갚는 것만으로도 빠듯할 지경이다. 결혼은커녕 연애할 돈도 없다. 마음먹고 열심히 살다가도 월급이 들어오자마자 순식간에 곳곳으로 빠져나가는 순간에는 와르르 무너져버리곤 한다. 밥값도 오르고, 집세도 오르는데 내 월급만 제자리인 느낌이 든다. 이 지옥 같은 상황에서 벗어나는 것이 가능은 한 것일까. 한 여자의 듬직한 남편이자, 내 자식에게 자랑스러운 아버지가 될 수 있을까. 그 자식도 결국 나처럼 살아가지는 않을까. 특별히 잘못한 것 없이 열심히 살아온 것 같은데 내 인생은 왜 이런 걸까. 언제쯤 내 인생에 해가 뜰 수 있을까.

A는 오늘도 이러한 푸념과 걱정을 가득 안고 사람으로 북적이는 지하철에 오른다.

아버지와 아들의 밥그릇 전쟁

몇 푼 되지도 않는 저임금 일자리건만, 그것조차 절실한 이들이 늘어나고 있다. 일자리 전쟁은 앞으로 더욱 심화될 뿐만 아니라, 세대 간의 경쟁으로 그 범위가 확산될 것이다.

편의점을 예로 들어보자. 최저임금 수준의 시급을 놓고서도 중장년층과 청년층의 충돌이 발생한다. 퇴직 이후 양질의 일자리를 구하기 힘든 중장년층이 편의점처럼 임금은 적지만 전문기술을 필요로 하진 않는 아르바이트 쪽으로까지 발을 들이밀게 된 까닭이다. 퇴직은 했지만 아직도 살아갈 날이 많아서다. 조금이라도 모아놓은 돈이 있는 이들은 프랜차이즈 가맹점이나 자영업에 뛰어들지만 그마저도 힘든 이들은 퇴직 후에도 누군가에게 저임금을 받으며 살아갈 수밖에 없다.

청년층은 또 어떤가. 학교 공부와 병행하며 큰 자격 없이도 일할 수 있는 편의점 아르바이트로 생활비를 충당하거나 등록금에 보태기도 한다. 그렇기에 중장년층과 청년층은 결국 편의점 아르바이트라는 저임금 일자리를 놓고 밥그릇 전쟁을 벌일 수밖에 없다.

은퇴 시기가 지났는데도 계속 일할 수밖에 없는 현실, 이를 반영한 제도가 바로 '임금피크제' 아니던가. 줄어든 임금과 다소 떨어지는 지위를 감안하고서라도 회사에 남기를 선택하는 것이다. 당사자 입장에서는 물론 꽤 유용한 제도다. 하지만 모든 것에는 양면이 있는 법, 임금피크제로 기존 직원들의 퇴직 시기가 늦춰지면 당연히 신규 채용도 줄어든다. 기업 입장에서는 불필요한 인력을 무작정 늘릴 수 없기 때문이다. 여기서도 역시 청년층과 장년층의 밥그릇 다툼이 벌어질 수밖에 없는 것이다.

이 얼마나 서글픈 현실인가. 한 가정의 가장으로 가정경제를 지켜내야 하는 장년층, 하루라도 빨리 학업을 마치고 그럴듯한 일자리를 잡기 위해 저임금 노동을 전전해야 하는 청년층. 가정경제를 위해 조금이라도 정년을 연장해야 하는 장년층과, 부모님의 부담을 조금이라도 덜어드리기 위해 하루빨리 취업해야 하는 청년층. 밥그릇을 차지하려고 혈안이 되어 있지만, 사실 이 두 세대는 한 가정에서는 아버지와 자식의 관계인 셈이다. 서로가 조금이라도 가정에 도움이 되려고 치열하게 사는데, 의도치 않게 그 양상이 서로의 갈등으로 변질되는 결과를 가져온다.

사회구조를 봤을 때 사실 뚜렷한 해법은 없다. 항상 그러한 갈등을 자신의 이익을 위해 이용하는 높으신(?) 분들만 존재할 뿐. 이는 결국 앞으로 대한민국에서 세대 갈등이 빈부격차로 인한 갈등 못지 않은 큰 축으로 심화될 것임을 말해준다. 그 역시 본질은 빈부격차와 다름없기 때문이다.

결국은 무엇인가. '돈'이 없기 때문이다. 이 글을 읽고 있는 우리는 더욱 정신을 바짝 차릴 필요가 있다. 그저 월급에 의존해서는 부자 되기는커녕 평범하다고 여겨지는 생활을 지속하기도 쉽지 않다. 오히려 열심히 일을 하고 있는데도 점점 더 가난해지는 최악의 상황을 맞을지도 모른다.

회사는 당신을 책임져주지 않는다

과거의 직장은 참으로 좋은 곳이었다. 일단 그럴듯한 회사에 입사만 하면 평생 먹고살 걱정을 하지 않아도 되었으니 말이다. 차근차근 경력을 쌓아 단계를 밟아 올라가면 그뿐이었다. 고용은 안정적이었고, 미래는 충분히 예측가능했다. 회사는 너무나도 든든한 존재였다. 열심히 일하고, 충성을 맹세하고, 충분히 저축하면 나의 노후는 이미 보장된 것이었다.

지금 이 사회는 어떤가. 취업 자체가 하늘의 별따기다. 치열한 생존 경쟁이 끊임없이 벌어지고, 구조조정은 상시적으로 불어닥쳤다. 회사는 더 이상 당신을 책임져주지 않는다.

회사가 갑자기 우리를 배반한 것일까? 아니다. 회사 역시 생존의 위협을 받게 된 것이다. 직원을 일부러 내팽개치는 게 아니라, 회사가 망하지 않기 위해 몸부림치고 있는 것이다. 세상이 변했다.

바야흐로 무한경쟁 시대다. 글로벌화가 뭔지, 자동화가 뭔지, 아웃소싱이 뭔지… 이제 회사는 어떻게든 조금이라도 효율성을 높이기 위해 물불을 가리지 않는다. 조금이라도 걸리적거리고 생산성이 떨어지면 구조조정이라는 그럴듯한 말로 방해물들을 제거해버린다. 그러지 않으면 무한경쟁 시대에서 살아남을 수 없기 때문이다. 회사, 기업의 존재 목적은 이윤창출이며 목적을 위해서는 일단 시장에서 살아남아야 하는 것이다. 그렇기에 회사의 발전을 저해하는 요소는 가급적 이른 시기에 제거해야 계속해서 이윤창출을 위한 순항을 유지할 수 있다.

이렇게 상시 발생하는 구조조정이 직원들에게는 엄청난 불안감이자, 두려움이다. 상상해보라. 젊음과 청춘을 입시와 취업에 바쳐온 이들이 갑작스럽게 만날 '해고통보'를…. 인간은 원대한 꿈과 포부를 이야기하기 앞서 당장 먹고살 걱정에서조차 한시도 벗어날 수 없는 미약한 존재로 전락해버렸다. 참으로 서글픈 일이다.

이제 회사는 더 이상 당신을 돌봐줄 수 없다. 당신은 그저 입사했다가 퇴사하는 수많은 고용자 중 한 명일뿐이다. 당신이 만약 열정으로 충만하고 능력도 출중하다면 생존확률이 조금 높아질 순 있겠다. 그러나 평생직장, 평생고용의 시대는 끝났다. 더 이상 그런 말은 존재하지 않는다. 당장 회사에 어떤 일이 생길지, 당신의 자리가 어떻게 달라질지 아무도 예측할 수 없다. 그만큼 먹고사는 일이 힘들어졌다. 우리는 작금의 현실을 명확히 직시해야 한다.

취업하는 순간, 돈의 노예가 된다

직장에 들어오기 전에는 취업이 되지 않을까 봐 걱정했다. 취업에 성공했을 때 얼마나 기뻤는지 모른다. 그러나 지금은 이 회사에서 나갈 수 없어 괴롭다. 들어오기 전에는 못 들어와 안달이고, 들어오면 나가지 못해 안달인 것이 직장인의 삶인 모양이다….

어느 직장인의 일기다. 아마 현재 직장에 다니고 있는 독자라면 공감되는 부분이 많으리라 생각된다. 대학에 다니고 있거나 졸업 후 취업을 준비하는 이들에게는 조금이라도 더 나은 직장을 구하는 것이 현재의 최대 목표일 것이다. 그런데 그다음은 어떨까?

대한민국의 고용시장은 점점 더 단기고용구조로 변해가고 있다. 무슨 말인고 하니, 대학생 시절 그토록 피땀 흘려 쌓은 스펙으로 어렵게 들어간 회사에서 얼마 지나지 않아 잘리게 된다는 것이다. 이는 대통령이 정책을 잘못 세워서도 아니고, 경제가 어려워서도 아니다. 전 세계적으로 사회구조가 장기고용구조에서 단기고용구조로 변하고 있는 까닭이다. 어렵게 취직을 했어도 소수만이 살아남아 승진을 하고 나머지는 계속 비정규직, 단기계약직과 같은 일자리를 전전하게 된다. 기업 역시 혹독한 생존경쟁에서 살아남아야 하니 이런 식으로의 인력운용으로 고용비용을 절감하려 할 수밖에 없다.

얼마나 더 오래 걸리는지 시간의 차이일 뿐, 직장인 대부분은 잘리게 되어 있다. 이것이 직장인의 숙명이다. 이른 시기에 대규모 감원으로 사라지느냐, 정년까지 꽉 채워서 명예퇴직을 하느냐의 차이일 뿐이다.

이와 관련해 더욱더 심각한 문제가 바로 고령화다. 바야흐로 평균수명 80세를 지나 100세까지 바라보는 시대가 왔다. 2017년 통계청 조사에 따르면 대한민국 국민의 평균수명은 82.69세라고 한다. 그러니 현재 20~30대 청년층의 평균수명은 더 늘어날 것이 자명하다. 백신 및 각종 치료제, 건강관리 서비스 등이 계속해서 진화되고 발전할 것이기 때문이다.

여성의 경우 20대 중반, 남성은 20대 후반 즈음 취업한다고 가정했을 때, 회사에서 정년까지 다 채우고 은퇴할지라도 실제 돈을 벌 수 있는 기간은 20~25년 정도다. 퇴직 후에도 내겐 아직 30년 이상의 세월이 남아 있다. 이는 직장에서 보낸 세월보다 더 긴 시간이다. 돈을 벌 수 있는 그 짧은 시간 안에 우리는 결혼도 해야 하고, 내 집도 마련해야 하고, 아이를 낳아 양육하고 교육시켜야 한다. 돈이 버는 족족 빠져나갈 수밖에 없다.

이런 상황에서 퇴직 이후의 삶을 제대로 준비한 이가 얼마나 되겠는가. 결국 대부분은 약간의 퇴직금을 갖고 흔히 말하는 치킨집을 시작하거나, 그마저도 안 되는 이들은 계속해서 계약직과 임시직을 연연하며 삶을 마감하기 직전까지 생활고를 겪게 되는 것이다.

이게 바로 현실이다. 20대는 당장 취업이 급하고, 남들에게 뒤처지지 않기 위해 스펙을 쌓으려 안달이지만, 적어도 이 글을 읽고 있는 당신은 그 이상을 볼 수 있어야 한다. 내가 지금 그토록 갈망하는 직장이 결국 나를 끝까지 책임져주지 않는다는 사실을 명심해야 한다.

이 직장에서 내가 어떤 목표를 가지고, 어떤 방법으로, 언제까지 나의 삶을 이끌어갈 것인가에 대한 구체적인 계획 없이 무턱대고 입사지원서를 남발하고 있다면, 당신은 영원히 끝나지 않을 쳇바퀴 인생으로 진입하게 되는 것이다.

상상해보자. 20대 후반에 입사를 한 당신은 취업 자체가 감사하고 기쁘다. 막상 직장생활을 해보니 나의 상상과는 다른 현실을 체감한다. 월급도 얼마 되지 않고, 고용이 안정되지 않아 늘 불안하다. 200~300만 원 정도의 월급으로 결혼준비까지 하려니 막막하다. 미루고 미루다 어떻게든 결혼을 한 후에는 주거지가 문제다. 내 집을 언제 장만할 수 있을지 감이 오질 않는다. 집값은 하루가 다르게 오른다. 자식이 생기고 가정을 꾸려가야 하니 삶은 더욱더 팍팍해져 간다. 돈 들어갈 곳 천지다. 당장이라도 때려치우고 싶은 회사지만 나이가 들수록 회사에 붙어 있지 않으면 곤란한 처지가 된다. 어떻게든 회사에서 살아남기 위해 뼈 빠지게 일한다.

그렇게 세월은 흘러 어느덧 당신은 40대 후반의 배 나온 아저씨가 되어 있다. 슬슬 퇴직 압박에 시달리기 시작한다. 아이들은 계속 자라서 사교육비를 감당할 수 없을 지경이다. 더 많은 돈이 필요하다. 월급을 올리기 위해 일에 더욱 매달린다. 월급의 노예가 되는 것이다. 은퇴할 나이가 서서히 다가오는데 그동안 생활비로 쓰느라, 집을 장만하느라, 자식들 키우느라 은퇴준비를 할 여력이 없었다. 결국 회사에서는 퇴직하게 되고, 또 다른 저임금 일자리라도 찾기 위해 전전긍긍하는 삶을 살게 된다.

지나친 왜곡처럼 느껴지는가. 오히려 현실에 가깝다고 느껴지지는 않는가. 부정하고 싶겠지만 사실이다. 다시 한 번 강조하는데, 우리는 인생 전체에 대한 큰 그림을 그려볼 필요가 있다. 아니, 필요가 아니라 필수라 해도 과언이 아니다. 나의 인생이 어떤 식으로 흘러갈지, 어떻게 펼쳐질지에 대해서 진지하게 고민해야 한다. 적어도 현재의 패턴대로라면, 우리는 '대입→취업→승진→퇴직→자영업'이라는 하나의 유쾌하지 않은 공식을 고스란히 따르게 되는 것이다.

물론 누군가는 말단 사원에서 시작해 CEO까지 올라가 월급쟁이의 신화를 쓰고 싶을 것이고, CEO까지는 아니더라도 임원이라는 별을 달고 싶을 것이다. 혹은 길고 가늘게, 오래 살아남아 부장급에서 계속 생존을 이어가다 두둑한 퇴직금을 건지는 것을 바랄지도 모르겠다.

20년 동안 매일매일 평균 10시간 이상을 헌신적으로 바치다가도 여지없이 쫓겨나는 곳이 직장이다. 그 안에서 조금이라도 더 목숨을 부지하고자 영어공부에 매달리고, 학력을 세탁하고, 자격증 수집가가 되고, 라인을 고르는 정치게임을 하며 발버둥치는 것이 무슨 의미란 말인가. 그토록 치열하게 살수록 훗날 맛보는 것은 허망함과 절망감뿐이다.

지금 이 순간에도 수많은 샐러리맨이 가슴에 사표를 품고 지하철에 몸을 싣는다. 상사 얼굴에 멋지게 사표를 날리는 상상을 하루에도 수백 번씩 하지만, 처참한 현실 앞에 꾹 참고 소주를 털어 넣는다. 술자리와 주말이라는 마약으로 간신히 일주일을 버티고 또 다시 월요일 지옥철로 향한다. 그렇게 1년이 흐르고, 5년이 흐르고, 10년이 흐르다보면 평생이다.

이것은 결코 무능력한 사람들의 이야기가 아니다. 나름대로 열심히, 치열하게 살았다고 자부하는 이들의 모습이다. 우리의 부모세대가 겪었고, 그 아래 세대가 겪고 있는 이야기며, 곧 우리가 겪어야 될 현실인 것이다.

덫에 걸린 월급쟁이들

월급이란 마약과도 같아서 몇 푼 되지도 않아 항상 불평불만을 갖고 살게 하면서도, 결국 그것을 끊지 못하게 만든다. 보잘것없는 금액이라도 한 달에 한 번씩 계속해서 돈이 나온다는 것은 충분히 매력적인 일이기 때문이다. 어떻게든 한 달만 버티면 된다는 생각으로 말이다.

월급이란 것의 본질을 파악할 필요가 있다. 월급의 본질적 속성은 내가 만족할 만큼은 아니지만 회사를 그만두지는 못할 만큼의 돈이다. 자신의 급여에 만족하는 사람은 극소수에 불과할 것이다. 설령 만족도가 높다 하더라도 상대적으로 이 정도면 괜찮은 수준이라고 합리화하는 것이지, 절대적 액수만 놓고 따졌을 때는 불만을 가질 수밖에 없다. 왜 우리는 항상 부족한 월급을 받고 있는 것일까. 짠돌이 사장 밑에서 일하기 때문에? 경제가 어려워서? 대통령이 국정운영을 제대로 하지 못해서?

아니다. 직장인은 원래 부자가 될 수 없다. 월급으로는 부자의 길을 걸을 수가 없다. 유능한 세일즈맨이 되어 상상할 수 없을 만큼의 인센티브를 받거나, 대기업 임원급 이상으로 승진하지 않는 이상 불가능한 이야기다. 이미 정해진 봉급이라는 것이 있기 때문이다.

회사나 사장을 욕할 것 없다. 정말 부자가 되고 싶었다면 애초에 사업을 했어야 한다. 직장인이 돈을 조금 버는 건 당연한 일인 셈이다. 사장보다는 당연히 적게 벌 것이며, 부장이라면 임원보다는, 과장이라면 부장보다는, 대리라면 과장보다는, 이제 갓 입사한 신입사원이라면 대리보다는 적게 버는 것이 당연한 이치다.

이처럼 직급이 오를수록 월급이 늘어나는 시스템 때문에 직장인은 승진에 목숨을 걸게 된다. 어쩔 수 없는 혹은 당연한 선택처럼 보인다. 그런데 사실, 이는 하나만 알고 둘은 모르는 사람들의 선택이다.

왜 꼭 나의 노동력과 시간을 투자해서 돈을 벌어야 하는가?

이 고정관념을 깰 필요가 있다. 300만 원의 월급을 400만 원으로 올리기 위한 방법으로는 자격증을 따거나, 영어점수를 올리거나, 대학원에 진학하는 것만 있는 게 아니다. 동일한 월급 300만 원에, 내가 일하지 않고도 들어오는 수입 100만 원을 추가로 만들면 된다. 즉, 내가 일하지 않을 때에도 돈이 저절로 들어오는 시스템을 갖추는 것이다.

지금이야말로 기존 월급쟁이의 사고방식을 깨고 부자의 마인드를 갖는 순간이다. 이것이야말로 경제적 자유를 얻기 위한 발상의 전환인 것이다. 단순한 것처럼 보이지만, 사실 상당수의 사람은 이런 발상을 떠올리지조차 못한다.

내가 일하지 않고도 돈이 들어오는 시스템, 월급을 위해서가 아니라 그 시스템을 위해서 일하는 나, 시스템이 갖추어진 뒤에는 단순히 돈을 벌기 위해서가 아닌 내가 추구하는 가치를 위해 일하는 삶. 이것이 바로 경제적 자유로 가는 삶이고, 내가 추구하는 삶이자 지금 누리고 있는 삶이다. 또한 당신이 앞으로 지향해야 할 삶의 모습이기도 하다.

언제까지 비교당하며 살래?

전 세계적으로 거스를 수 없는 대세가 바로 양극화다. 말 그대로 양극으로 치닫는다는 것이다. 잔인하게 표현해보자면, 부자가 아니면 결국 가난뱅이라는 뜻이다.

이를 뒷받침이라도 하듯, IMF를 기점으로 중산층이 눈에 띄게 줄어들고 있다. 일자리 수의 증가가 경제성장률을 따라가지 못하고 있고, 일의 질 자체도 굉장히 떨어지고 있다. 단시간 근로자, 비정규직 등이 날로 확산되는 가운데 소득격차는 점점 더 벌어진다. 안정적이고 높은 소득이 보장되는 일자리는 사라져가고, 단순노동의 계약직, 아르바이트 등 저임금 일자리들만 늘어나고 있는 실정이다.

빈익빈 부익부, 부자는 점점 더 부자가 되고, 가난한 자는 갈수록 가난해진다. 튼튼해야 할 중간 허리가 싹둑 잘려나간 탓이다. 적절한 균형을 이루지 못한, 지나친 자산 격차는 국민 사이의 갈등과 분열을 조장할 수밖에 없다.

그러나 양극화는 개인이 해결할 수 있는 문제가 아닐뿐더러 사회와 국가 차원에서도 결코 만만한 일이 아니다. 부자들이 갖고 있는 돈을 강제로 빼앗아 극빈층에 나눠줄 수도 없는 노릇이니 말이다. 세금이나 정책적 측면에서의 해결도 워낙 다양한 이론과 주장들이 난무하기에 하루아침에 끝날 문제가 아니다.

다만, 개인으로서 우리는 해결이 아닌 선택을 해야 한다. 양극화라는 세계적으로 거스를 수 없는 대세를 인정하고, 과연 나는 양쪽 중 어디에 속할 것인지 결단하라는 뜻이다. 부자가 되겠는가, 아니면 가난한 자가 되겠는가?

사실 '부'라는 것은 지극히 상대적인 것이다. 모두가 50만 원을 가지고 있다면 100만 원을 가진 사람이 부자고, 1억을 갖고 있더라도 모두가 5억을 갖고 있다면 가난한 것이다. 부라는 것은, 재산이라는 것은, 돈이라는 것은 상대적인 것이기에 어차피 사이좋게 모두 다 부자가 될 수는 없는 노릇이다. 격차를 좁힐 수는 있어도 아예 없앨 수는 없는 것이다. 그렇기에 당신은 하루라도 빨리 부자의 길로 향하는 배에 승선해야 한다. 비교적 이른 시기에 발을 디딜수록 부자의 문턱에 더 빨리 다다를 수 있다.

같은 선상에 있을 때 우리는 상대적인 평가를 받곤 한다. 남들이 학점에 목숨을 걸 때 나도 학점에 목숨을 걸고, 남들이 월급에 목숨을 걸 때 나도 동일한 노력을 한다. 동료와 함께 승진을 위해 노력하고, 남들과 같이 노후준비에 매진한다. 그 경쟁에서 이기면 조금 더 부유해지는 것이고, 지면 가난해지는 것이다. 하지만 더 쉬운 길이 있다. 진정 부자가 되기 위해서는 남들보다 한 발 앞서서 생각해야 한다. 아니, 좀 더 정확히 말하자면 남들과 다른 차원의 생각을 해보자는 것이다.

남들이 취업을 준비하고 승진을 준비할 때, 나는 또 다른 나의 일꾼들을 고용하여 노후준비까지 해결한다면 어떨까? 남들이 노후를 준비할 때쯤이면 나는 이미 늙어서도 돈 걱정 없이 편안하게 하고 싶은 것을 하며 살 수 있게 된다. 양극화니 뭐니 하는 개념도 필요 없다. 비교의 메커니즘에서 탈출하고, 상대적인 부의 기준을 뛰어넘어버리는 것이다.

유비와
장비이야기

어느 마을에서 물을 길어올 젊고 힘센 사람을 구한다는 공고가 떴다. 유비와 장비라는 두 명의 건장한 젊은이가 그 일을 하기로 했다. 두 청년이 할 일은 마을에서 조금 떨어져 있는 강가에서 마을까지 물을 퍼 나르는 것이었고, 물을 한 통 길을 때마다 1000원을 받게 되었다. 유비와 장비는 돈을 벌게 되어 매우 기뻤다. 열심히 일을 해서 큰 부자가 되겠다고 결심하고 열정적으로 일하기 시작했다.

시간이 흘렀다. 유비에게는 왠지 모를 불만이 생겼다. 하는 일에 비해 받는 돈이 적다는 생각이 들었다. 온종일 물을 긷다보니 온몸이 쑤시기도 했다. 평생을 이렇게 고통스럽게 돈을 벌어야 한다고 생각하니 끔찍했다. 결국 유비는 일을 그만두었다.

장비는 시간이 흘러도 꿋꿋이 물을 길었다. 그는 유비가 어리석다고 생각했다. 더 빨리 돈을 벌고 싶어진 장비는 한 번에 두 통씩 어깨에 짊어지고 물을 긷기 시작했다. 이제 한 번에 2000원을 벌게 된 것이다. 장비는 조만간 부자가 될 수 있다는 생각에 설레는 마음으로 부지런히 일했다.

같은 시각, 일을 그만둔 유비는 혼자 물을 길어올 시스템을 구상하고 있었다.

'나는 평생 젊고 건강할 수 없는데, 이런 식으로 물을 길어 돈을 버는 건 무리야. 평생 돈을 벌기 위해서는 뭔가 다른 방법이 필요해. 매번 내가 가서 물을 떠오는 것이 아니라, 파이프를 연결해서 틀기만 하면 물이 콸콸 쏟아지는 시설을 만들자!'

유비는 그렇게 수도시설을 만들기 시작했다.

한편, 장비는 이제 한 번에 두 통씩 길어오는 것도 모자라 한 팔에 두 통씩, 총 네 통의 물을 긷기 시작했다. 또, 일하는 시간도 늘려 먹고 자는 시간만 제외하고 하루 종일 물을 길었다. 주말도, 휴일도 없이 일을 하자 수입은 큰 폭으로 늘어났다. 비록 몸은 고되었지만 늘어나는 수입에 하루하루가 행복했다. 맛있는 음식도 사먹을 수 있었고, 좋은 옷도 사 입을 수 있었다. 아직 차를 사기엔 돈이 모자랐지만, 어차피 앞으로 계속해서 돈을 벌 것이기에 대출을 받아 차도 한 대 마련했다. 하루하루가 행복했다. 이 순간이 영원할 것만 같았다. 어떻게든 더 열심히 일해서 물을 한 통이라도 더 길어와야겠다고 생각했다.

유비는 수도시설을 연구하고, 개발하고, 제작하고, 설치하느라

고된 나날을 보내고 있었다. 그만두었던 물 긷는 일도 다시 시작했다. 시설을 설치하는 데 필요한 비용을 마련하기 위해서였다. 대신 하루 중 아주 조금의 시간만 투자했다. 대부분의 시간을 유비는 땅을 파고, 망치로 파이프를 두드리면서 보냈다.

'나는 장비처럼 매일같이 물을 길어야 하는 인생을 살고 싶지 않아. 일하지 않고도 부자가 될 수 있는 길을 찾고야 말겠어!'

고단하고 지치지만 지금의 희생과 노력이 머지않아 화려한 미래를 만들 것이라 확신했다.

그로부터 꽤 오랜 시간이 흘렀다. 유비의 수도시설은 거의 완성 단계에 이르렀다. 그 무렵 장비의 꼴은 말이 아니었다. 무거운 물통을 오랫동안 지고 나르다보니 어깨가 축 처지고 등이 굽어버렸다. 근육통으로 병원비도 만만치 않게 나왔다. 슬슬 장비도 지쳐갔다. 언제까지 이 물통을 날라야 할지 막막했다. 그사이 결혼도 했고, 자식도 생긴 장비는 더 열심히 일해야 했다. 하지만 장비는 알고 있었다. 슬슬 한계에 다다르고 있다는 것을. 자신은 늙고 있었고 이 직업을 원하는 젊고 튼튼한 이들이 경쟁자로 하나둘 등장하고 있었다.

마침내 유비는 수도시설을 완성했다. 수도꼭지를 틀기만 하면 파이프를 통해 강에서부터 마을까지 물이 흘러들었다. 혁명적인 사건이었다. 언제든 편리하게 물을 공급할 수 있는 시스템이었다. 마을 사람들은 유비에게 자신의 물을 부탁하기 시작했다. 유비는 더 이상 물을 길어올 필요가 없었다. 그저 수도꼭지를 틀어 원하는 사람에게 물을 주고 보수를 받으면 그만이었다. 그동안의 땀과 노력이 결실을 맺는 순간, 유비는 뜨거운 눈물을 흘렸다. 유비는 이제 평생 물을 긷지 않아도 돈을 벌 수 있게 된 것이다.

같은 시각, 장비의 눈에서도 눈물이 흘렀다. 어디 하나 아프지 않은 곳이 없었고, 통장의 잔고는 쌓일 줄을 몰랐다. 자신의 피와 땀이 어디로 갔는지 찾아볼 수가 없었다. 미래도, 희망도 보이지 않았다. 그제야 장비는 유비가 옳았음을 깨달았다.

경제적 자유로 가는 시스템

수많은 젊은이가 조금이라도 많은 월급을 주는 회사에 취직하려고 안달하고, 조금이라도 월급을 올리기 위해 승진에 목숨을 건다. 회사에서 잘리지 않고 승진하기 위해 평생을 경쟁하며 늙어가는 것이다. 이는 자신을 일의 노예, 회사의 노예로 만드는 길이다.

물론 인간에게 일이란 밥벌이 그 이상의 의미를 갖는다. 단순히 생계수단을 넘어 자신의 정체성이자 삶이기에 평생 지속될 수도 있을 것이다. 하지만 그건 자신이 즐길 수 있고, 잘할 수 있는 일을 할 때의 경우다. 돈 때문에 억지로 회사에 저당 잡힌 인생이라면 평생이 악몽이지 않을까.

경제적 자유로 가는 시스템을 만들어야 한다. 그래야 돈으로부터 자유로워질 수 있다. 돈의 노예에서 벗어나면 자연스럽게 시간의 자유를 얻게 된다. 내가 일하고 싶을 때 일하고, 쉬고 싶을 때 쉴 수 있다. 장소의 자유도 따라올 것이다. 집을 좋아하는 사람이라면 집에서 일을 할 수도 있고, 여행을 가고 싶으면 어디든 훌쩍 떠날 수 있는 자유.

경제적 자유의 핵심 키워드는 바로 '내가 일하지 않는 동안에도 돈이 들어오는 시스템을 만드는 것'이라 할 수 있다. 경제적 자유로 가는 시스템은 유비가 만들었던 파이프라인을 설치하는 것과 같다. 한 달 내내 뼈 빠지게 일하고 회사에 얽매여 월급을 받는 삶이 아니라, 반드시 나의 시간과 에너지를 투입했을 때에만 돈이 들어오는 것이 아니라, 내가 일하지 않고 있는 상황에도 돈이 저절로 쌓이는 시스템 말이다.

나는 20대의 대부분을 이러한 시스템을 구축하는 데 투자했다. 모두가 학점을 관리하고, 자격증을 따고, 영어시험을 보고, 공모전을 준비하는 동안 나는 홀로 외로이 파이프라인을 구축하는 데 몰두했다. 취업만 바라보던 또래들과는 공감대를 형성할 수 없었기에 대부분의 시간을 책과 소통하며 보냈고, 다양한 인터넷 커뮤니티, 재테크 세미나 등을 통해 나보다 훨씬 연배가 있으신 분들과 어울리는 것이 자연스러울 정도였다.

당시에는 꽤 외로웠지만, 지금 돌아보니 그러한 교류 덕에 나는 한층 더 성장할 수 있었던 것 같다. 비슷비슷한 시각에서 벗어나 나보다 앞선 세대의 인생선배들과 어울리는 것 자체가 내게는 훨씬 유익했다. 단기적 관점이 아니라 인생 전체의 큰 청사진을 그리고,

장기적 관점에서 삶을 계획하며 준비할 수 있게 되었다.

멀리 보면 보인다. 대입을 준비하다가, 취업을 준비하다가, 승진을 준비하다가, 은퇴를 준비하다가, 재취업을 준비하는 삶이. 평생을 그렇게 준비만 하며 살았는데도 정작 한순간조차 맘 편히, 돈 걱정 없이 살지 못하는 것이 우리네 삶이다. 지금 당신이 허우적대고 있는 당장의 현실에서 빠져나와 인생 전체를 바라보는 시간을 가져보길 바란다. 흘러가는 대로 둥둥 떠다니지 말고, 방향을 정해 적극적으로 항해를 시작해야 한다.

취업이 아닌, 승진이 아닌, 경제적 자유를 꿈꿔라. 그것도 하루빨리 이룰 수 있도록 지금 당장 시작하라. 돈으로부터의 자유, 시간으로부터의 자유, 장소로부터의 자유를 획득하여 진정한 자유인으로서의 삶을 살아라.

유비와 장비 이야기를 좀 더 현대적인 상황으로 재구성해본다.

같은 초등학교, 중학교, 고등학교를 졸업한 유비와 장비는 비슷한 점이 많았다. 학업성적도 우수하고 운동실력도 뛰어났으며 교우관계도 좋았다. 둘은 끈끈한 우정으로 맺어진 친구인 동시에 선의의 경쟁을 하는 라이벌이기도 했다. 그런데 스무 살이 되는 순간, 둘의 인생행보는 크게 달라졌다. 장비는 명문대에 진학했지만, 유비는 수능을 망치고 말았다. 실력을 발휘하지 못한 것도 속상했지만, 늘 비슷한 처지에서 함께 지내던 장비와 비교가 되었기에 유비의 상대적 박탈감은 더욱 컸다.

장비가 행복한 대학생활을 시작하던 시기, 재수를 준비하던 유비는 조금 먼 미래를 바라보기 시작했다. 재수를 성공적으로 마쳤을 때 돌아오는 건 장비와 같은 학교에 1년 늦게 다니는 것뿐이었다. 만약 수능을 또 망치면 그보다 못한 결과가 나올 수도 있다. 어쨌거나 장비는 자신보다 최소 1년은 먼저 졸업을 하고 취업을 할 것이다. 그때가 되면 유비는 또다시 열등감을 느낄 것이 뻔했다. 그렇다면 취업 이후는? 승진은? 퇴직 이후에는?

유비는 악순환의 굴레를 깨달았다. 영원히 누군가와 경쟁하며 치열하게 살아도 자신에게 남는 것은 없었다. 이러한 방식의 삶은 옳지 않았다. 진정으로 성공한 삶을 위해서는 그 이상을 바라보아야만 했다. 기존의 굴레를 뛰어넘어야만 했다. 결국 그 본질에는 경제력이 자리하고 있음을 유비는 알게 되었다. 인생의 진짜 방향과 목표를 깨우치는 순간이었다.

1년 뒤, 재수를 마친 유비는 대학에 들어갔다. 이번에도 성적은 만족스럽지 않았고 명문대에는 진학하지 못했다. 하지만 유비에게는 더 이상 학력이 문제가 되지 않았다. 자신이 가야 할 길을 명확히 알고 있었으며, 그 길에 학력은 큰 영향을 미치지 않는다는 사실도 알고 있었기 때문이다. 유비는 학업과 아르바이트를 병행하며 돈을 차곡차곡 모으기 시작했다. 동시에 투자와 재테크에 대해 공부하고 실전 경험도 쌓았다. 동기들이 스펙을 쌓으며 취업을 준비하고 있을 때, 유비는 차츰 경제적 자유의 길을 개척해나갔다. 악착같이 돈을 모으고 끊임없이 책을 읽었다. 어르신들 사이에서 꿋꿋이 투자세미나와 강연회에도 참석했다. 아르바이트로 번 돈과 연구한 지식을 활용해 부동산과 주식 등의 자산에 투자하기 시작했다. 특히 적은 돈으로도 할 수 있는 부동산경매를 통해 자산 증가속도를 가속화했다.

한편, 장비는 낭만적인 신입생 생활을 지속하며 착실하게 스펙을 쌓아갔다. 늘 그랬던 것처럼 열심히 공부해 좋은 학점을 받았고, 자격증을 땄으며, 공모전 수상 경력도 쌓았다. 방학에는 인턴 경력을 쌓았고, 토익과 토플 준비도 소홀히 하지 않았으며, 어학연수도 다녀왔다. 동기들에 비해 상당히 우수한 스펙이었다.

그렇게 둘은 대학 생활을 마쳤다. 몇 번의 휴학을 하고, 군대에도 다녀왔기에 졸업까지는 7~8년 정도가 걸렸다. 유비와 장비의 모습은 어떻게 변했을까?

장비는 화려한 스펙을 바탕으로 누구나 부러워할 대기업에 취직해 고액연봉을 받게 되었다. 돈을 버는 만큼 소비가 늘어 돈 쓰는 맛을 알기 시작했다. 대기업 로고가 찍힌 명함을 내밀면 누구나 부러움의 시선으로 자신을 바라보는 것도 짜릿했다. 하지만 매일 아침 타야 하는 출근길 지옥철, 직장 상사들의 시기어린 갈굼(?), 억지로 술을 따르고 웃어야 하는 회식은 장비에게 끔찍한 스트레스다. 앞으로 20년, 혹은 30년 동안 이런 생활을 전전하며 경쟁에서 살아남아야 한다는 생각에 식은땀이 흐른다. 그나마 또래들에 비해 잘 나간다는 것에 위안을 삼으며 하루하루 버티고 있다.

반면 유비는 또래들과는 차원이 다른 삶을 살고 있다. 온종일 회사에서 스트레스를 받으며 벌어들이는 장비의 월급보다, 유비의 부동산에서 발생하는 임대수익이 훨씬 많았다. 이는 단순히 연봉이 높은 것과는 전혀 다른 의미였다. 유비는 일을 하지 않아도 또래의 월급보다 훨씬 많은 돈을 다달이 받고 있었다. 이제껏 고생한 자신에 대한 보상으로 늘 꿈꿔온 수입차도 한 대 구입했다. 사람들로 가득한 만원 지하철을 타지 않아도, 싫은 사람에게 아양을 떨지 않아도 유비는 돈을 벌 수 있었다.

유비는 지금도 계속해서 꾸준히 투자에 대해 배우고 익히고 있으며, 실전 투자도 병행하고 있다. 유비의 인생은 지금부터 시작이다. 20대 초반에 이미 경제적 자유로 가는 파이프라인을 구축했기에, 이제 그 자유를 마음껏 누리며 꿈을 펼칠 수 있게 된 것이다.

갈림길 앞에 서서

이미 눈치챈 독자도 있겠지만, 사실 유비와 장비의 이야기는 필자가 실제 겪은 일을 각색한 것이다.

학창 시절, 꽤 좋은 성적을 유지하던 내게 대입 실패는 큰 충격이었고, 어린 나이에 느낀 가장 깊은 좌절이었다. 나보다 공부를 못하던 친구들조차 하나둘 명문대에 진학하는데, 부모님이나 선생님 등 지인들의 기대를 한 몸에 받던 내가 명문대생이 아닌 재수생의 신분이 되었을 때의 상대적 박탈감은 이루 말할 수 없을 정도였다. 재수학원과 고시학원을 오가는 길에 만나는 대학생들이 부러웠다. 학교 로고가 그려진 점퍼를 자랑스럽게 입고서 축제를 벌이는 모습이 내 열등감을 더욱 부추기곤 했다.

불행은 한꺼번에 온다고 했던가. 그 무렵, 아버지의 사업도 굉장히 힘들어져 집안의 상태도 말이 아니었다. 가정의 경제가 흔들리자 부모님의 다툼은 잦아졌고, 함께 사업하던 친척들과의 갈등이 악화되는 통에 집안은 하루도 조용할 날이 없었다.

가족이 돈 때문에 분열되는 모습을 지켜보던 스무 살의 나는 모든 것이 절망이고 충격일 수밖에 없었다. 도무지 중심을 잡고 공부할 수가 없었다. 언어영역, 수리영역 문제 하나 푸는 게 문제가 아니라, 인생이란 도대체 무엇이며, 나는 무엇을 위해 살아야 하는가, 어떠한 가치관으로 삶을 이끌어야 하는가에 대한 심각한 고민에 빠지게 되었다.

가세가 점차 기울고, 집마저도 팔아야 하는 최악의 상황에서도 부모님은 내가 좋은 학원에서 공부할 수 있도록 지원을 아끼지 않으셨다. 당신들은 못 먹고 못 입어도 자식에게만은 가장 좋은 것을 주고 싶어 하셨다. 부모님의 헌신은 내게 감사와 부담을 동시에 안겨주곤 했다.

그렇게 재수생활을 하던 어느 날, 우연히 압구정동을 지나던 길에 받은 충격을 나는 지금도 또렷이 기억하고 있다. 그곳에 사는 사람들은 모두 화려한 명품으로 치장을 하고 고급 승용차를 타고 다녔다. 더욱 충격적이었던 건, 그들이 다 내 또래라는 사실이었다. 이는 명문대생들을 보며 느낀 열등감과는 비교할 수 없는 수준이었다.

나는 이 나라 대한민국, 그 안에서도 서울이라는 한 도시의 괜찮은 대학을 가지 못한 것에 이토록 절망하고 있는데, 그래서 거기에 가보겠다고 이 고생을 하면서 발버둥을 치고 있는데, 우리 부모님과 친척들은 돈 때문에 서로 등을 돌리며 으르렁대고 있는데, 이제 막 20대 초반을 넘긴 녀석들이 수입차를 타고 다니며 여유를 만끽하는 모습에서 나는 무너지고 말았다.

도대체 인생이란 무엇인가, 나는 무엇을 위해 이렇게 살고 있는가 하는 근본적인 회의감이 들었다. 지금 내가 문제집 한 권을 더 푼다고 뭐가 달라지겠는가. 한층 처량해진 내 모습이 보였다. 더욱 서러운 것은, 지금 느낀 이 박탈감의 근원을 해결할 길이 보이지 않는다는 점이었다. 평생을 두고 싸워야 하는 문제였고, 평생이 걸려도 해결할 수 없을 확률이 높은 문제였다. 내 인생이 가여웠고, 부모님의 인생마저 안쓰럽게 느껴졌다.

나의 미래를 그려보았다. 올해 재수를 마치고 내년에 대학에 입학하면 21세. 22세에 군대를 갔다가 전역하면 24세에 복학. 취업을 준비하고 스펙을 쌓다보면 27~28세에 졸업. 운이 좋아 곧장 취업을 한다면 신입이니 200만 원에 가까운 월급을 받을 수 있겠지. 굴지의 대기업이나 금융권이라면 400만 원을 벌 수 있을지도 모르지만, 중소기업이라면 200만 원에 불과한 돈을 받을지도 모른다. 정말 아끼고 아껴서 한 달에 100만 원씩 악착같이 저축한다고 치면, 1년에 1200만 원을 모을 수 있다. 10년이 지났을 때 내 나이는 마흔을 바라보고, 저축한 돈은 1억 2000만 원, 집 한 채 사기도 만만치 않은 금액이다.

아무리 머리를 굴려도 해답이 나오지 않았다. 더욱 열심히 일해서 저축액을 늘리고, 투잡도 뛰고, 승진을 남들보다 빨리 한다고 해도 결국 그 언저리일 뿐이다. 순간 어떤 깊은 늪에 빠진 듯한 느낌이 들었다. 나는 지금 재수생활의 좌절에 빠져 있다고 생각했는데, 올해만 어떻게든 잘 마무리하면 내년부터는 새로운 삶이 시작될 줄 알았는데, 자세히 들여다보니 그건 빙산의 일각에 불과했다. 내가 빠진 늪은 인생 그 자체였다. 인생 전체를 흐르고 있는 가난이라는 늪이었다. 서민이라는 하나의 계급이자 신분의 벽에 가로막혀 있었다.

이건 단순히 몇 년 꾹 참고 열심히 산다고 해결될 문제가 아니었다. 평생에 걸쳐 풀어야 할, 평생에 걸쳐도 풀지 못할 숙제였다. 사실 내 인생 전체가 생존을 위한 투쟁이 될 판이니, 이러한 고민조차 사치였다. 세상이 원망스러웠다. 인생이 불공평하다는 생각이 들었다. 묘한 두려움, 위기감이 엄습했다. 정신을 바짝 차리지 않으면 평생 이 늪에서 헤어 나올 수 없을 것 같았다.

이 늪에서 빠져나올 방법을 찾기 시작했다. 그리고 그때부터 나는 남들과 조금 다른 길을 걷기 시작했다. 해결책은 명문대 입학도, 대기업 취업도, 부장 승진도 아닌 경제적 자유에 달려 있었다. 부자가 되어야 한다. 돈을 많이 벌어야 한다. 그게 내 인생을 위한 길이요, 우리 가족을 위한 길이었다.

그렇게 스무 살에 경제적 자유를 얻기 위한 여정이 시작되었다. 당장의 문제가 아닌, 1년 뒤나 5년 뒤의 문제가 아닌, 10년 뒤의 문제가 아닌, 평생을 둘러싼 문제 해결을 위한 발걸음이었다.

먼 훗날 나는 어디에선가
한숨을 쉬며 이야기할 것입니다.
숲 속에 두 갈래 길이 있었다고,
그리고 나는 사람이 적게 간 길을 택했노라고,
그래서 모든 것이 달라졌다고.

- 로버트 프로스트, 〈가지 않은 길〉 중에서

돈 버는 기계를 소유하라

계속해서 강조하고 싶은 것은 한 가지다. 월급에 목매지 말기를. 회사가 당신의 전부가 아님을, 월급이 당신의 전부가 아님을 하루라도 빨리 깨닫고 월급쟁이 사고방식에서 빠져나오기를. 시간의 차이일 뿐, 결국 사람은 누구나 회사를 떠나야 하는 순간이 온다. 회사는 항상 젊고 참신하며 유능한 직원을 뽑을 준비가 되어 있다. 같은 월급이라면 조금이라도 나은 스펙의 인재를 채용하고 싶어 한다. 결국, 월급은 평생 동안 받을 수 있는 것이 아니다.

수많은 젊은이가 공기업에 들어가 공무원이 되길 원한다. 훌륭한 일이고 누군가는 반드시 해야 할 일이다. 그러나 비전도 목표도 없이 안정적이라는 이유 하나로 젊음을 낭비하기엔 우리의 인생이 너무 아깝다. 지금 이 순간에도 수십, 수백 대 일의 경쟁률을 뚫기 위해 다시는 되돌릴 수 없는 소중한 젊음을 썩히고 있는 이들이 많다.

생각해보자. 공무원 월급 200만 원이 안정적인가, 월 임대수익 200만 원이 안정적인가. 극단적이긴 하지만 안정과 평생고용이라는 이유만으로 공무원 시험에 목숨을 거는 이들을 보면 결코 비교 못할 일도 아니다. 당신의 뇌리 깊숙한 곳에 각인되어 있는 고정관념을 버릴 필요가 있다. 아니, 부자가 되고 싶다면, 경제적 자유를 얻고 싶다면 반드시 버려야 한다. 꼭 공무원이 되어야만 안정을 찾을 수 있는 것은 아니다. 월급을 받는 존재는 늘 불안할 수밖에 없다.

자신의 업에서 꿈을 이루기 위해 부지런히 자기계발에 힘쓰고 열정적으로 사는 것은 멋진 일이다. 다만 자기계발의 목적이 단순히 지금보다 좀 더 나은 연봉을 받기 위함이라면 이는 헛발질에 불과하다. 발버둥 칠수록 빠른 속도로 늪에 잠기는 것이다. 돈을 벌기 위해 치열하게 달려갈수록 당신은 돈의 노예가 될 것이다. 이것이 바로 월급쟁이의 덫이다.

지금 자신의 업에서 전문성을 쌓아가고 있는 사람이라면 독보적인 존재가 될 때까지 계속 전진하는 것이 좋다. 단, 나 혼자서 돈을 벌지 말고 나를 대신해 돈을 벌어올 나만의 일꾼들도 만들어나가야 한다. 꾸준히 들어오는 돈이 있을 때 내 본업에 더 효율적으로 집중할 수 있기 때문이다. 만약 자신의 적성이나 비전과 전혀 맞지 않음에도 돈 때문에 억지로 일하고 있다면 더더욱 진지한 고민과 성찰이 필요하다.

내가 일하지 않고도 들어오는 수입이 나의 지출보다 많아지는 순간 당신은 경제적 자유를 얻게 된다. 그때 당신에게는 선택권이 생긴다. 계속해서 회사를 다니며 전문성을 쌓아도 좋고, 화려하게 은퇴해서 자유를 만끽해도 좋고, 벼르고 별렀던 새로운 사업을 시작해도 좋다. 더 이상 돈에 얽매여 노예처럼 살지 않아도 된다. 상상만 해도 기쁘지 않은가!

이러한 발상의 전환을 비교적 어린 나이에 한 것이 내겐 정말 큰 행운이었다. 대입에서 처참할 실패를 맛본 덕분이었다. 만약 운 좋게 원하는 대학에 바로 입학했다면 평생 이런 고민을 하지도 않았을지 모른다. 그런 의미에서 살면서 어느 정도의 시련은 분명 큰 도움이 된다고 생각한다. 그것도 가급적 젊을 때 경험하면 더 좋지 않을까.

회사에 평생을 바치다가 어느 순간 자신을 돌아보았더니, 나는 더 이상 회사가 없으면 생존 자체가 불가능한 신세가 되어 있을지 모른다. 그런 회사에서 나를 밀어내고 끌어내리려는 치열한 경쟁이 벌어지고, 나는 어떻게든 살아남아야만 한다. 나이가 들어 회사에서 버려지는 순간이 온다면 기분이 어떨까? 중년의 나이를 넘긴 채 식당이나 점포를 열고자 창업설명회에 드나들어야 하는 심정은 어떨까? 은퇴를 하고 노후를 즐겨야 할 나이에 다시 새로운 전쟁터로 뛰어들어야 하는 이의 그 부담을 나는 상상조차 할 수가 없다.

답은 하나다. 하루빨리 일하지 않고도 돈이 들어오는 구조를 완성하라. 승진하지 않아도, 투잡을 뛰지 않아도 얼마든지 수입을 늘릴 수 있다. 일해야만 돈을 번다는 고정관념에서 벗어나면 비로소 일하지 않고도 돈을 벌 수 있게 된다. 매일같이 출근해서 온종일 일한 노동의 대가로 돈을 버는 데서 그치지 말고, 돈 버는 기계를 만들자는 것이다. 나 혼자서만 일하지 말고, 내가 회사에서 일하고 있을 때 다른 곳에서 나를 위해 돈을 벌어오는 녀석을 만들자는 것이다. 그래서 언젠가는 내가 굳이 일하지 않더라도 나를 대신해서 돈을 벌어오는 일꾼들을 만들자는 것이다. 내가 여행을 하고 있는 동안에도, 내가 좋아하는 사람들과 시간을 보내고 있는 동안에도, 내가 쇼핑을 하고 있는 동안에도 나를 대신해서 누군가가 계속해서 돈을 벌어오는 것이다.

일하지 않아도 돈을 벌 수 있다니, 믿어지는가? 허황된 이야기가 아니다. 당신의 인생에서 가장 젊은 이 순간, 하루라도 빨리 이 시스템을 장착하라. 돈을 벌어오는 기계로 전락하기 전에, 돈을 벌어오는 기계를 소유하라. 이 시스템에 눈을 떠야 당신은 경제적 자유로 가는 재테크를 할 수 있고, 진정한 자유를 만끽할 수 있다.

Part 3

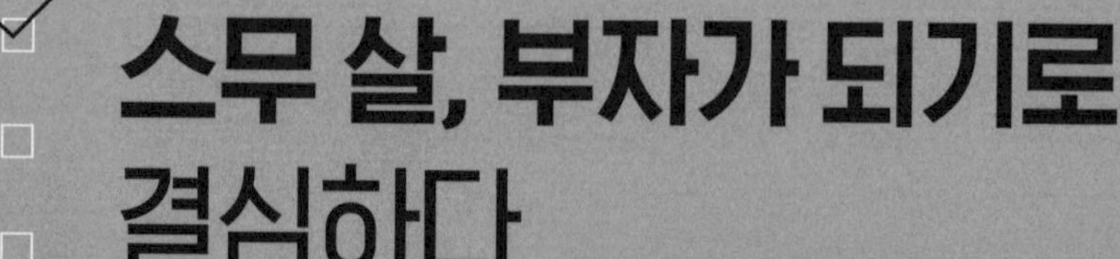

스무 살, 부자가 되기로 결심하다

Money Plan

발상의 전환이

경제적 자유를 만든다.

그들은 나와 달랐다

이따금 생각해본다. 나는 왜 스무 살 무렵부터 돈에 대한 강박을 가지게 되었을까. 그 어린 나이에 돈에 대해 알면 얼마나 안다고.

아마 대입 실패가 결정적인 계기가 된 것 같다. 더불어 그 시점에 힘들어진 부모님의 사업이 나를 궁지로 내몰았고, 그 무렵 압구정에서 마주한 잔혹한 현실이 내 마음에 불을 활활 지폈다.

학창 시절의 나는 누가 봐도 반듯한 모범생이었다. 중·고등학교 때 성적은 늘 반에서 1~2등을 다투었고, 학년이 올라갈 때마다 학급회장을 도맡아 했다. 전국 단위의 경시대회에 참가할 정도의 수재는 아니었지만, 크게 문제를 일으키지 않고 선생님 말씀도 잘 들으며 가정에서도 착실한 아들 노릇을 했다. 하지만 으레 수능이 끝나면 주변에서 들리는 단골 멘트가 있지 않은가.

"저런, 평소엔 잘하더니 실전에선 실력 발휘를 못했네. 운이 없었던 모양이야."

나는 결국 이 멘트의 주인공이 되어버렸고, 재수까지 했지만 결국 명문대에 진학하진 못했다. 많이 배우지 못하신 까닭에 자식에게 더욱 헌신하신 부모님의 실망은 이루 말할 수 없었다. 평범한 집안에서 특출한 인물이 나오게 생겼다며 잔뜩 기대에 찼던 친척들도 아쉬운 표정을 감추지 못했다. 특히나 내게 당신의 인생을 투영하시던 아버지는 누구보다 낙심하셨고, 우리 부자는 그 이후 몇 년간 사소한 대화조차 나누지 않았다. 아들이 명문대 법대에 가서 기를 살려줄 것을 기대했던 아버지는 내게 실망하셨고, 나는 그토록 매몰차게 돌아서신 아버지가 미웠다.

그 무렵, 부모님의 사업이 급격히 기울기 시작했다. 나의 대입 실패와 더불어 가세가 기울고, 부부싸움이 잦아지고, 친척들 사이에 불화가 심화되는 등 스무 살의 내 삶은 상처로 가득했다. 어린 나이에도 난생 처음 '위기의식'이란 걸 느꼈다. 어떻게 하면 몰락한 내 인생을 끌어올릴 수 있을까, 기울어져가는 집안을 일으킬 수 있을까 고민하며 재수를 계속했다.

당시 재수 종합반을 다니며 알게 된 무리 중 한 명이 압구정동 근처에 살았다. 소위 말하는 '진짜 강남'을 가본 건 그때가 처음이었다. '학교-학원-집'이라는 사이클에서 크게 벗어나본 적이 없는 까닭이다. 우연히 마주친 그곳에서의 첫 충격은 이루 말할 수 없었다. 내부 구조가 감히 상상도 되지 않는 높은 담벼락의 고급 주택들, 생전 처음 실제로 본 람보르기니나 페라리와 같은 수입차들, 화려하고 멋진 명품으로 자신을 한껏 꾸미고 다니는 사람들까지… 20여 년을 강북 토박이로만 살아온 내게는 모든 것이 놀라울 따름이었다. 텔레비전 속에서만 간접적으로 만나던 이들을 실제로 목격하는 순간, 묘한 질투심과 큰 절망이 나를 휘감았다.

'대한민국이 민주국가라 하더니, 엄연히 계급이라는 것이 존재하는구나.'

현실을 깨닫는 순간이었다. 그들은 나와 달랐다. 열심히 공부해서 명문대에 들어가면 인생이 필 것이라는 꿈은 그들 앞에서 산산이 부서졌다. 내가 살고 있는 대한민국은 소득과 보유자산으로 사람을 판단하고 대우하는 계급사회였고, 나는 그 출발점에 서 있는 스무 살 청년에 불과했다.

처음으로 부자가 되고 싶다는 생각을 했다. 좋은 대학을 가고, 좋은 직장을 얻는 것을 넘어서 '부자'가 되고 싶었다. 내 앞을 거니는 저들처럼 하루라도 빨리 경제적 자유를 만끽하고 싶었다. 돈 많은 할아버지가 아니라, 중년의 배 나온 사장님이 아니라, 화려한 '젊은 부자'가 되고 싶었다. 나는 솔직한 내 욕망에 귀를 기울였다. 이는 나의 가치관을 크게 바꿔놓았고, 적극적으로 경제적 자유를 모색하는 삶으로 나를 이끌었다.

내 안에는 부를 향한 충분한 갈망이 있었다. 이제 그 길로 가는 방법을 알아야 했다. 과연 어떻게 해야 경제적 자유의 길로 갈 수 있는 것일까.

'진짜 부자' 프로젝트

재수생활을 마쳤다. 원하던 대학보다 못 미치는 곳에 입학했으나, 더 이상 중요하지 않았다. 당시의 나는 어떻게 하면 부자가 될 수 있을까, 어떻게 하면 경제적 자유를 누릴 수 있을까에 대한 방법만을 진지하게 고민했다.

어쩌면 위험한 발상일 수도 있었다. 남들은 다 학점을 관리하고 취업을 준비하는데, 나 혼자 부자가 되겠다는 망상에 빠져 뜬구름을 잡고 있는 건지도 몰랐다. 불안함이 아예 없는 건 아니었다. 하지만 그 불안함을 떨치고자 나는 더 치열하게 이를 악물고 배움의 길로 나를 내몰았다.

만약 주위에 부자가 있다면 직접 찾아가 비법을 알려달라고 조를 용기도 있었다. 그만큼 나는 갈급했다. 하지만 평범한 스무 살 청년의 곁에 부자가 있을리 만무했다. 나와 공감할 만한 친구도 찾기 힘들었다. 결국 나는 홀로 고독하고 외로운 걸음을 걷기 시작했다.

'어떤 사람들이 부자가 되는 걸까?'

나는 주위를 둘러보기 시작했다. 쉽게 찾을 수 있는 부자는 인기 연예인과 스포츠 스타들이었다. 탑클래스를 차지하고 있는 소수는 일반인이 상상조차 하기 힘든 천문학적인 돈을 벌고 있었다. 내 또래이거나 나보다 어린 나이에도 강남에 빌딩을 소유하고, 고급 승용차를 몰았다. 20대에 사회에 진출하고 30대에 자신의 분야에서 전문성을 쌓아 40대 이후에 하나씩 업적을 이루어가는 일반인과는 인생 패턴이 달랐다. 10대에 입문해 20대에 주가를 날리며 전성기를 보내다가 30대 이후면 벌써 은퇴를 준비한다. 예외적인 경우를 제외하면 30대 초반까지 가장 많은 돈을 벌고, 이후부터는 그간 벌어놓은 돈이나 부수입으로 생계를 이어간다.

그들의 자산운용방식은 일반인들과 다를 수밖에 없다. 급격한 소득증대의 가능성이 거의 없는 일반인과 달리, 소위 말하는 한 방의 가능성이 언제나 존재하는 이들이기에 자신의 본업에만 충실해도 충분히 부자가 될 수 있다. 오히려 이들이 돈을 더 벌고자 본업 외에 다른 곳에 눈을 돌리는 순간, 결과가 더 안 좋은 경우가 많다.

깊이 분석할 필요도 없다. 어쨌거나 이 길은 내 길이 아니니까. 선천적으로 타고난 재능과 자질, 유년 시절부터의 경험과 훈련 등이 큰 영향을 끼치는 분야이므로 평범한 내가 이제와 선택한다고 알아서 열리는 길이 아니었다. 부자가 되는 데에는 이러한 길도 있다는 정도를 그냥 다시금 확인하는 수준이었을 뿐.

그렇다면 내가 갈 수 있는 길은 무엇일까. 단순히 높은 소득을 올리는 게 목적이라면 몇 가지 대안이 있었다. 일반화된 방법 중 하나가 좋은 직장에 취업하는 것이다. 대기업이나 금융권, 외국계 기업 등 소위 말해 돈을 많이 주는 직장. 얼마만큼 좋을지는 대학 4년간의 내 노력에 달려 있을 터였다.

라이센스(전문직)에 20대 청춘을 한 번 걸어보는 길도 있다. 변호사, 변리사, 회계사, 세무사, 감정평가사 등 '사'자 직업을 갖고자 몇 년간 골방에 틀어박히는 것 말이다. 능력이 될지 안 될지는 둘째 문제다. 내가 정말 그 길에 뜻이 있고 간절하다면 당연히 도전하는 게 맞다. 한 가지 걸리는 것은, 세상이 변하고 있다는 사실이었다.

대한민국은 고도성장의 개발도상국을 넘어 저성장의 선진국에 진입하고 있다. '사'자 직업이 되어 부자가 되겠다는 건 구시대적인 발상이다. 물론 매우 어려운 시험을 통과해야 얻을 수 있는 직업이고, 그렇기에 아직도 여타 직업들과 비교했을 때 월등한 고소득을 거두는 분야지만, 시간이 지나면 지날수록 점점 더 경쟁이 격화될 게 뻔했다. 매년 새로운 인재들이 시장에 배출되고, 기존의 선배들은 그간의 경험과 특화된 능력, 네트워크를 바탕으로 진입장벽을 치고 있는 상황에서 이제 막 라이센스를 취득한 개인이 부자가 되기란 결코 만만한 일이 아닐 것이다.

어떤 직업을 택할 것인지, 동시에 어떻게 하면 부자가 될 수 있을 것인지에 대한 고민을 도무지 멈출 수 없었다. 어디에 기회가 있을 것인지, 나는 어떻게 그 기회를 잡을 수 있을 것인지에 대한 고민도 계속해서 이어졌다. 그러나 어떤 직업으로서 부자가 되겠다는 결정을 내리는 건 힘든 일이었다. 이제 갓 스무 살을 넘긴 나이에 미래의 진로를 선뜻 결정하는 것은 두렵고 위험했다. 마키아벨리가 말했던가. '눈으로는 하늘을 보면서 이상을 추구하되, 발은 땅에 딛고 현실을 다룰 줄 알아야 한다'고. 사회 경험이 일천하고, 세상살이의 진면목을 아직 모르는 내가 단순히 경제적 자유를 누리고 싶다고 해서 이곳저곳을 뜨내기처럼 어슬렁거려서는 안 되는 것이다. 근거 없는 허황된 꿈에 빠져 있는 것도 나는 용납할 수 없었다.

다만 한 가지 확실한 것은, 내 속에는 부자가 되고 싶다는, 경제적 자유를 얻고 싶다는 강한 열망이 피어나고 있다는 사실이었다. 그 길이 정확히 어떤 길일지, 그래서 내 인생이 앞으로 어떻게 펼쳐질지는 섣불리 예측할 수 없었지만, 자아정체성에 대한 진지한 탐구가 병행되었기에 그 간절함에는 힘이 실렸다.

시간이 흐르면 판단이 더 쉬워지리라 생각했다. 대기업으로의 취업일지, 전문직에 대한 진지한 도전일지, 나만의 사업을 시작할지 모를 일이었다. 내겐 아직 시간이 있었고, 직업보다 한층 더 고차원적인 수준의 목적과 방향이 정해진 이상 '투자'에 능숙해져야겠다는 결론이 났다. 경제적 자유를 얻으려면 본업에서만 열심히 일하는 것으론 부족하다고 생각했다. 세계경제 흐름에 민감하고 자본시장의 속성에 정통한 이가 부자가 되는 시대였기 때문이다.

문득 종잣돈을 모아야겠다는 생각이 들었다. 적게나마 실제 투자시장에 나가서 직접 부딪치고 싶어졌다. 그렇게 경험을 쌓으면서 천천히 자본금을 불려나간다면, 훗날 무엇을 하든 큰 힘이 되어줄 것이 확실했다. 일단 지금은 씨앗을 뿌릴 때라는 확신이 들었다.

마침내 할 일을 찾았다! 종잣돈을 모으자. 경제와 투자를 공부하고 안목을 넓히자. 분명한 목표가 생긴 순간, 복잡하던 머릿속은 깨끗이 정리됐다. 그렇게 나의 전투적인 종잣돈 모으기가 시작됐다.

종잣돈,
거지처럼 모아라

이제 갓 대학생이 된 신분에 종잣돈을 모을 방법은 결국 아르바이트뿐이었다. 처음엔 교복 매장에 자리를 얻어 초등학교, 중학교 앞에서 브랜드를 홍보했다. 중학교에 입학할 초등학교 6학년생, 고등학교에 입학할 중학교 3학년생들에게 과자와 전단지를 주며 매장을 소개하는 일이었다. 크게 힘들진 않았지만 그리 큰돈이 되지도 않아 금세 그만두었다.

그다음으로 시작한 것이 과외였다. 과외야말로 대학생이 할 수 있는 가장 효율적인 아르바이트가 아닐까 싶다. 단위 시간당 가장 많은 돈을 벌 수 있으면서, 시간을 쪼개면 쪼갤수록 수입도 늘릴 수 있는 일이기 때문이다.

목표가 워낙 뚜렷하게 설정되어 있었기에 자연스레 학업에는 소홀해졌다. 학교는 가는 둥 마는 둥 하며 오전에는 도서관에서 과외 준비와 투자공부에 열중하고, 오후에는 이곳저곳을 돌며 과외수업을 했다. 6호선 북쪽 끝자락인 봉화산부터 서남쪽 구로동, 청량리, 서초동, 잠실 등 서울 곳곳을 돌아다녔다. 한 지역에서만 집중적으로 하면 시간도 절약하고 여러모로 좋았겠지만 처음에는 학생을 구하는 게 만만치 않았기에 가릴 처지가 되지 않았다. 인터넷에 프로필을 올려놓고 연락이 오는 학생이라면 어디든 마다하지 않고 찾아가곤 했다.

고되고 힘든 시간이었지만, 그렇게 서울 전역을 돌아다닌 것이 후에 부동산투자에 무시할 수 없는 영향을 미쳤다. 20년 가까이 강북 토박이로만 살다가 활동영역이 넓어지니 머릿속에 지역에 대한 실제적 판단 기준이 생겼기 때문이다. 왜 이곳은 집값이 비싸고 사람들이 그토록 살고 싶어 하는지, 왜 저곳은 집값이 싸며 사람들이 꺼려하는지를 직접 눈으로 보고 확인할 수 있었다.

나는 성향상 어떤 부정적인 상황을 만나더라도 그것을 최대한 활용해 긍정적인 아웃풋을 만들어내고자 노력하는 편이다. 당시도 마찬가지였다. 나는 단순히 여러 동네에 수업하러 가는 것에서 머물고 싶지 않았다. 어차피 서울 곳곳을 돌아다녀야 한다면 여기서도 분명 무언가 얻어낼 수 있으리라 생각했다.

그래서 많게는 한 시간 이상 걸리는 지하철 이동시간을 독서로 채웠는데, 짧게나마 시간을 쪼개 꾸준히 읽는 양은 결코 적은 편이 아니었다. 또한 수업과 수업 사이에 짬이 생기면 근처 부동산 중개업소를 방문했다. 부동산에 관심이 생기던 때라서 이 기회를 서울 곳곳의 부동산에 대한 눈을 틔우는 계기로 삼아야겠다고 생각했다. 툭하면 중개업소를 드나들며 중개인과 대화를 나누다보니 그 지역의 집값 수준, 시장동향, 미래 전망 등을 파악할 수 있었다. 그렇게 부동산에 대한 감이 내 안에서 조금씩 자라게 되었다.

시간이 지난 지금은 웃으며 말할 수 있지만, 사실 20대 초반인 내겐 모든 게 낯설고 어렵기만 했다. 대학생이 부동산 중개업소에 들어가 부동산에 대한 이야기를 나누는 것이 어디 쉬웠겠는가. 하지만 생소하고 어색해도 내게 꼭 필요한 과정이었기에 마음을 굳게 먹곤 했다.

과외하던 시절 부동산 중개업소 방문하던 습관이 이어져, 지금도 나는 시간이 남으면 괜히 근처 부동산 중개업소를 방문한다. 특별한 목적도 없다. 말 그대로 그냥 괜히 들어가 사장님이나 직원 분들과 대화를 나눈다. 근처 아파트 시세는 어떤지, 거래는 많은지, 요즘은 어떤 물건을 찾는 손님이 많은지 등 이것저것 질문을 던지는 것이다. 이렇게 함으로써 그 지역 분위기와 실제 현 시장의 흐름을 읽을 수 있고, 예기치 않은 알짜 물건을 잡게 될 수도 있다. 실제 내 첫 부동산투자 또한 이런 과정에서 이루어졌다.

다시 종잣돈을 모으던 이야기로 돌아와, 당시의 나는 정말 처절하고 악착같이 저축을 했다. 밥값이 아까워 최대한 집에서 끼니를 해결했고, 학교에 있는 시간이면 구내식당에서 2500원짜리 밥을 먹었다. 어쩌다 한 번씩 3500원짜리 밥을 먹으면 사치스럽게 느껴질 정도였다. 데이트는 따로 만든 통장으로 해결했다. 한 달에 내가 20만 원, 여자친구가 10~15만 원 정도 넣었는데, 그 돈으로 주말에 패밀리 레스토랑에 가고 영화를 보는 것이 그 시절 하나의 낙이기도 했다. 이 돈과 생활에 꼭 필요한 최소한의 돈을 제외하고는 몽땅 적금통장으로 들어갔다. 100원 단위까지 가계부를 써가며 불필요한 지출을 최대한 막았고, 음료수 하나 사먹을 때에도 망설이고 또 망설였다. 평일 저녁은 과외학생 집에서 주는 간식으로 해결할 정도였으니, 사실 지출 통제를 넘어 아예 돈을 안 썼다고 하는 표현이 맞을지도 모른다.

그래서 사실 나는 20대 초중반의 추억이 그리 많지 않다. 그 흔한 엠티나 미팅 경험조차 없고, 친구들과 PC방에 가거나 당구를 치거나 술집에서 놀았던 일이 손에 꼽을 정도다. (그 시절에 마음껏 놀지 못한 탓인지 요즘에도 이따금씩 친구들에게 홍대에서 술을 마시자고 하는데, 다들 놀리기 바쁘더라. 홍대 갈 나이는 이제 지났다나?)

그럼에도 후회는 없다. 인생의 일부는 처절해도 좋다고 생각하기에. 이런 식으로 평생 살 수는 없겠지만, 젊음의 순간 중 일부는 소중한 것을 위해 투자한다는 생각으로 독하게 몰입할 필요가 있다. 내겐 종잣돈 모으기가 그랬다. 어차피 저축과 투자는 평생 병행해야 하는 일이고, 그 시작을 위해 제한된 시간 안에 혹독하게 돈을 모아야 했다. 올림픽처럼 큰 대회를 준비하는 스포츠 선수들도 그렇지 않은가. 평소에도 꾸준히 운동을 하지만 큰 대회를 앞두고서는 모든 것을 끊고 철저히 훈련에만 집중한다. 올림픽이 내일인데

국가대표가 오늘 저녁에 지인들과 술자리 약속이 있어 훈련에 불참한다면 모두가 황당해할 것이다. 그런데 왜 부자가 되기 위해 오늘 저녁 술자리에 빠지는 것은 말이 안 된다고 생각할까?

부자가 되고 싶다면, 경제적 자유를 얻고 싶다면 이 처절한 종잣돈 모으기 퀘스트를 무조건 통과해야 한다. 무식하게 들릴 수도 있지만 부자가 되기 위해 이제 막 종잣돈을 모으기 시작했다면 한동안은 정말 거지처럼 살아야 한다. 하고 싶은 것 다 하고, 먹고 싶은 것 다 먹으면서 남는 돈으로 얼마씩 저축하겠다는 엉성한 생각은 버려라. 종잣돈을 모으겠다고 확고한 결심을 했다면 이제부터는 아예 거지가 되어 돈을 쓰지 않겠다는 다짐을 해야 한다. 그래야 비로소 '티끌 모아 태산'의 위력을 느낄 수 있고, 이후에 탄력을 받아 질주할 수 있다.

그렇게 악착같이 모은 돈을 들고 나는 조금이라도 이자가 높은 곳을 찾아다녔다. 큰 액수가 아니어서 이자율의 차이가 크진 않았지만, 당시는 한창 CMA통장이 뜨는 시점이었고 시중은행의 보통예금통장보다 더 높은 이자를 준다는 말에 솔깃해 직접 증권사를 방문했다. 나의 첫 CMA통장이자, 이제 본격적으로 돈을 모으기 시작했다는 상징적인 의미를 담아 굳이 여의도 본점까지 찾아갔다.

비록 그렇게 용기내어 두드린 증권사 문 앞에서 "만 20세 미만은 부모님을 모셔와야 합니다"라는 말밖에 듣지 못하고 돌아서야 했지만, 지금 생각해보면 당시의 내 열정적인 마음이 고스란히 드러난 에피소드가 아닌가 싶다. (CMA통장은 그 이후에 나이를 좀 더 먹고 만들었다.)

상호저축은행의 정기적금도 종종 활용했는데, 시중은행보다 더 높은 이자율로 종잣돈 모으는 데 조금이나마 도움을 받았다. 최근에는 부실 저축은행 사태로 인해 인식이 많이 안 좋아졌지만 아직까지는 충분히 우량한 곳들도 많이 있으므로 잘만 활용하면 효과는 유효하다고 생각한다. 금리도 금리지만 사실 내겐 더 큰 의미가 있었다.

'내 친구들은 흥청망청 술을 마시는 데 돈을 쓰는데, 나는 벌써부터 이런 곳에서 돈을 모으고 있어. 지금은 힘들지만 분명 웃을 날이 올 거야!'

이런 생각으로 나를 위로하며 더 의지를 불태웠던 것 같다.

처음엔 주먹구구식으로 이어지던 과외수업은 이후 조그마한 공부방 운영으로까지 이어졌다. 내가 원장 겸 영어교사를 맡고, 수학을 가르칠 교사를 한 명 더 뽑아 작지만 그럴듯한 구색을 갖췄다. 만약 당시의 내가 군 복무를 마치고 좀 더 나이가 든 상태였다면 공부방을 본격적으로 키웠을지도 모르겠다. 그간 많은 과외교습으로 인해 나만의 콘텐츠와 노하우가 쌓이고 있었고, 성과를 만들어내고 잘 가르친다는 입소문이 퍼지자 학생도 점점 늘고 있었기 때문이다. 하지만 결국 시기가 맞지 않았다는 점과 진로에 대한 결단을 선불리 내릴 수 없다는 점이 크게 작용해 본격적인 비즈니스로 확장할 수는 없었다. 이후 공부방 사업 열풍이 불었는데, 서점에서 관련 책자가 눈에 띌 때마다 이때가 떠오르곤 했다. 그러고보면 사람에게는 다 각자의 길이 있는 듯하다.

그렇게 나는 종잣돈 모으기에 박차를 가했고, 마침내 그 돈으로 생애 첫 부동산투자를 하게 된다. 내 나이 스물한 살이 막 지나던 무렵이었다.

스물한 살, 월세를 받기 시작하다

안 쓰고, 안 먹고, 안 입는 와중에도 나는 투자와 자본시장에 관한 공부를 멈추지 않았다. 독서가 거듭될수록 어렵기만 하던 경제용어가 눈에 들어오기 시작했고, 알아들을 수 없던 경제신문이 재미있어지기 시작했다. (지금도 나는 〈한국경제〉와 〈매일경제〉로 하루를 시작한다.) 경제를 중심으로 세상을 바라보는 시야가 트여가고 있음을 스스로도 느낄 수 있었다.

그러자 이제는 제대로 된 실전 투자를 한번 해보고 싶어졌다. 이제 저축에서 벗어나 투자를 통한 성과를 만들고 싶었다. 증권계좌를 하나 개설함과 동시에 내가 투자할 만한 부동산을 알아보기 시작할 무렵, 내 종잣돈은 1500만 원을 넘어서고 있었다.

나는 처음부터 주식보다는 부동산이 좋았다. 이유는 정확히 모르겠지만 성향 탓도 있을 것이고, 무엇보다 부동산은 실체가 있기 때문이리라. 주식투자도 시작했고 한창 존 템플턴과 워런 버핏 등 투자 대가들에 대한 책들도 읽고 있었지만 정작 큰 흥미가 일지는 않았다. 자본시장에 대해 하나씩 알아가는 게 즐겁고, 경제와 투자에 대해 알아가는 게 좋았지 주식차트와 재무제표를 들여다보고 있는 건 하나도 흥미롭지 않았다.

다행히도 나는 대가들의 투자원칙과 사상은 배우되, 주식시장에 매몰되지 않고 부동산투자에 나만의 방식으로 접목시킬 수 있었다. 이는 성공적인 투자를 지속할 원동력이 되어 주었다. '비관론에 투자하는 역발상' '안전마진' '독과점적 위치'와 같은 개념들은 다 그때 배워 접목하게 된 것이다.

슬슬 내가 투자할 만한 부동산을 찾기 시작했다. 그러나 워낙 종잣돈이 크지 않았기에 쉽지 않았다. 마음 같아선 도곡동 타워팰리스, 삼성동 아이파크와 같은 고급 아파트에 투자하고 싶었지만, 항상 현실에 발을 딛고 미래를 꿈꾸어야 했다. 당시에는 용산이 곧 강남을 넘어 대한민국 최고의 중심지가 될 거라는 말이 돌았고, 그 장밋빛 미래의 일원이 되고자 나는 시간이 나는 대로 용산에 있는 부동산 중개업소를 드나들었다. 그간 모은 돈에 레버리지를 적극 활용하면 오피스텔 정도는 얼마든지 가능하리라 믿었다.

레버리지는 부동산투자의 가장 큰 장점이다. 때로는 양날의 검이 되어 오히려 나를 벨 수도 있지만, 감당할 수 있는 레버리지는 언제나 투자자에게 큰 힘이 되어주곤 한다. 은행으로부터 담보대출을 받거나 세입자의 전세보증금을 통해 내가 가진 돈 이상의 부동산을 구입할 수 있기 때문이다.

하지만 매물가격이 예상보다 지나치게 비쌌다. 투자가치 대비 가격이 비싸다는 개념이 아니라 애초에 적은 종잣돈으로 살 부동산이 용산에는 없었다. 좀 더 현실적인 대안을 마련하는 수밖에 없었다. 그렇게 나는 조금씩 서쪽으로 이동하기 시작했다.

용산의 꿈을 잠시 미뤄두고 살펴본 곳이 공덕, 상수, 합정, 홍대 라인이다. 이때는 아주 뚜렷한 목표를 정했다. 원룸 오피스텔에 투자해 마포, 신촌, 여의도 등으로 직장을 다니는 이들에게 월세를 놓자는 것이었다. 대학가인데다 근처 상권이 계속 발전하고 있었기에 충분히 가치 있는 투자라 여겨졌고, 일대에 상당히 괜찮은 오피스텔이 많았다.

용산처럼 넘볼 수 없는 수준도 아니었다. 내가 가진 돈으로도 충분히 매입할 수 있는 오피스텔들이 제법 있어, 다양한 집을 보며 조건을 비교할 수도 있었다. 그런데 나는 어쩐지 선불리 투자를 결정할 수가 없었다. 자꾸 시간을 끌며 고민하고 망설이기만 했다. 왜 그랬을까?

사실은, 용기가 나질 않았다. 당시 내 나이는 스물두 살을 바라보던 시점이었다. 법적으로는 성인이 되어 마음대로 술도 마실 수 있는 나이였지만, 그래도 고등학생을 벗어난 지 얼마 되지 않은 애나 다름없었다. 그렇게 어린 내가 은행에서 대출을 받고 중개업소에서 계약서를 쓸 생각을 하니 갑자기 두려움이 밀려왔다. 도서관에서 공부할 때는 하루라도 빨리 실전을 경험하고 싶어 몸이 근질근질했는데, 막상 기회가 코앞에 닥쳐오니 선불리 몸이 움직이질 않았던 것이다.

정말 예상치 못한 장애물이었다. 어떻게 하면 좋은 가치의 부동산을 싼 값에 살 수 있을까만 고민했는데, 정작 가장 큰 문제는 내 안에 있었다. 두려웠다. 투자는커녕 도리어 사고나 치지 않을까 겁이 났다. 결국 부동산 중개업소에 적극적인 계약 의사까지 밝혀놓고서, 나는 바보처럼 중개업소에서 걸려온 전화를 받지 않고 피해버렸다. 정말 한심했다. 나 자신이 그렇게 못나 보일 수가 없었다.

사실 많은 사람이 나와 같은 경험을 한다. 확신이 없고 경험이 부족하기에 선뜻 투자를 실행에 옮기지 못하는 것이다. 하지만 아무리 이론적으로 잘 알고 있더라도 직접 뛰어들지 않으면 아무 소용이 없다. 부딪쳐보리라는 용기를 낼 때 우리는 더 큰 가치를 얻을 수 있다. 그것은 돈이 될 수도 있고, 명예나 인간관계가 될 수도 있을 것이다. 용기 있는 자가 미인을 얻는다는 말도 괜히 나온 게 아니다.

모험을 두려워하고 안정성만 추구하는 성향의 사람들이 증가함에 따라 아파트 전세가가 상승하기도 한다. 한 치 앞을 내다볼 수 없는 안갯속인 부동산시장에서 매입에 대한 용기를 내지 못하는 사람들이 전세로만 몰리고 있고, 전세 물건 자체가 희귀해지는 상황에서 수요만 쌓여가니 당연히 전세가가 상승하는 것이다. 주위에 부동산을 사겠다는 사람은 아무도 없고 자신 역시 확신이 없어 투자할 엄두는 전혀 나지 않는다.

그런데 아이러니하게도 투자는 이렇게 주변에 아무도 없을 때 사야 더 많은 돈을 벌 수 있다. 반대로 모두가 확신에 차 몰려들 때는 빠르게 빠져나와야 돈을 잃지 않는다. 그렇기에 투자는 외로운 길이다.

그 외로운 길을 선뜻 가지 못한 나는 잔뜩 풀이 죽어 있었다. 그러나 언제까지 그렇게 시간을 허비할 순 없었다. 내공이 부족해 확신을 갖지 못한 것이니 더 치열하게 공부해야겠다고 생각했다. 하루빨리 진짜 어른이 되고 싶었다. 남들보다 더 빨리, 더 많은 것을 이루려면 내 또래와는 차원이 달라야 했다. 용기의 수준이 달라야 했다. 저 벽을 깨부숴야 했다.

그래서 내린 결론은, 이보다 더 작은 물건에 도전하자는 것이었다. 혹시나 잘못되더라도 수습이 가능한 수준에서 끝내야겠다는 생각이었다. 다소 적은 돈으로 살 수 있지만 투자가치는 충분한 곳이 어디일지 계속해서 들여다보곤 했다.

그러다 발견한 곳이 고양시 덕양구 행신동이다. 당시 행신역은 경의선 개통 공사가 한창이었다. 완공되면 지하철로 월드컵경기장과 디지털미디어시티까지 이동이 가능하고, 조금 더 시간이 흐른 뒤에는 용산까지도 한 번에 갈 수 있었다.

또한, 내가 적당한 가격을 찾아 용산에서부터 공덕, 합정, 홍대, 상암 쪽으로 서서히 옮겨갔듯 집을 구하는 사람들도 같은 경로로 이동할 거라는 생각이 들었다. 근방의 직장인들이 높은 주거비를 감당하지 못해 조금씩 외곽에서 대안을 찾을 것이 분명했다. 이를 가정했을 때 핵심은 대중교통(역세권)이 될 수밖에 없다. 당장은 버스뿐이지만, 경의선이 완전히 뚫리는 날에는 전혀 다른 얘기가 될 거라 판단했다. 한 방에 출퇴근이 가능해진다면 분명 재평가를 받게 될 것이고, 체감상으로도 서울과 거의 다를 것이 없게 된다.

근처 오피스텔 시세를 알아보니 생각보다 훨씬 저렴했다. 용산의 절반에 가까운 가격의 물건들이었다. 더 이상 망설일 것이 없었다. 이번에야말로 과감히 매입하기로 결정했다.

계속해서 주변을 헤집고 다니던 중 급매물을 발견해 운 좋게 시세보다 싸게 잡을 수 있었다. 개포동에 거주하시던 사모님(?)이 갖고 있던 매물을 6~7개 정도 한 번에 내놓은 것이었는데, 수시로 드나들던 나를 눈여겨보신 중개업소 사장님이 하나를 넘겨준 것이다. (나를 항상 "학생!"이라며 친근하게 부르시던 사장님. 그러나 어찌 된 일인지 나중에 수수료는 더 받아가셨다….)

그렇게 나의 첫 부동산투자가 이루어졌다. 매도인의 대출을 승계하고, 월세보증금 등을 레버리지로 활용해 내가 실제 투자한 금액은 2000만 원 정도였다. 전 재산이었고 정말 피같이 모은 돈이었기에 계약서를 쓸 때 정말 신중에 신중을 기했다. 당시 적금만기가 코앞이었지만 이 급매물을 잡아야겠다는 생각에 적금을 깨면서까지 구입한 것이었다.

기존 임차인을 그대로 이어받았다가 얼마 뒤 항공대에 다니는 여대생에게 세를 놓게 되었다. (당시 임차인과 임차인의 어머니가 같이 중개업소에 왔었는데 앳된 나를 보고 황당해하던 모습이 아직도 눈에 선하다.)

마침내 최초로 '월세'라는 것을 받게 되었다. 내 또래는 한창 월셋방을 구하러 다닐 때, 나는 월세를 받는 입장이 되었다는 것이 얼마나 자랑스럽고 뿌듯하던지! 그렇게 나의 부동산투자자의 첫 걸음은 시작되었다. 경제적 자유를 얻기 위한 여정의 출발점, 결코 쉽지만은 않았다. 많은 용기가 필요한 시작이었다.

날라리 부동산학과생

나는 건국대학교에서 부동산학을 전공했다. 부동산에 조금이라도 관심이 있는 분들은 아시겠지만, 부동산학 관련해서는 자타공인 대한민국 최고인 곳이다. 학계는 물론이고 금융권이나 건설사, 자산운용업계 등 곳곳에서 많은 동문이 영향력을 행사하고 있다.

내가 20대 초반부터 부동산 업계에 발을 디디고 두각을 나타내는 모습에 '아, 부동산학 전공자라서 그렇구나' 하고 오해하는 사람이 많다. 하지만 내가 이런 길을 걸어온 것과 전공은 사실 전혀 관련이 없다. 지금에 와서 돌이켜보니 부동산학 전공이 내 이력에 타당성을 부여해주는 면이 있어 보일 뿐, 나는 학교도 잘 나가지 않는 날라리 대학생이었다. 학사경고도 받았고 학점도 2점대였으니 대학생활이 어떠했을지는 충분히 상상가능할 것이다. 앞에서도 이야기했듯 나는 최소한의 수업을 제외하고는 학교에 머무는 일이 없었다.

부동산학을 전공으로 택한 것은 순전히 우연이었다. 대입 때 가·나·다군 중 다군의 건국대를 지원했고, 이 학교에서 유명하다는 부동산학·수의학·축산학 중 문과계열이라는 이유로 부동산학을 선택한 것이다.

이때까지만 해도 전공을 그리 진지하게 생각하지 않았다. 특히 1~2학년 때에는 수업도 잘 듣지 않고 외부활동에 더 시간을 쏟았는데, 아이러니한 것은 오히려 이 시기에 부동산에 더 많은 관심이 생겼다. 부동산학과생이면서 학교도 잘 나가지 않던 내가 학교 밖에서 부동산에 꽂힌 것이다. 부동산에 꽂혀 열심히 투자하고 있는데, 정신을 차려보니 내 전공이 부동산학이었달까?

그제야 내 전공 선택이 탁월했음을 깨달았고, 다시 학교로 돌아왔을 땐 전공 공부에 열정을 쏟을 수 있었다. 실전 경험이 쌓인 상태에서 이론이 접목되자 공부는 더 흥미로웠고, 실제 투자에도 많은 도움이 되었다.

물론 실제로 현장에서 돈을 벌 때에는 밖에서 배운 것들이 훨씬 더 영향을 끼친다. 투자시장에서 돈을 버는 이들 중 이론에 빠삭한 사람은 거의 없다. 거시경제 흐름에 정통하고, 세계경제 추세에 대해 논한다고 해서 부자가 되는 게 아니다. 오히려 적게나마 저축을 계속하고, 꾸준히 물건을 검색하며 적극적으로 움직이는 이들이 돈을 번다. 경제학 교수라고 해서 투자를 잘하는 것도, 경영학 교수가 사업을 잘하는 것 또한 아니다.

경제적 자유라는 성취는 이렇게 현장에서 움직이고 있는 이들에게 주어진다. 결국은 직접 체감해야 진짜 지식이 되는 셈이다. 투자에만 해당하는 이야기가 아니다. 스포츠도, 연애도, 사업도 글로 배우는 데에는 한계가 있는 법이다. 비록 능숙하지 않아 실수도 많고 상처받거나 좌절하는 일도 생기겠지만, 그 과정에서 얻는 것이 더 귀하다. 겁이 나더라도, 아직 준비가 되어 있지 않아 걱정되더라도 조금은 용기를 내어 발을 디딜 필요가 있다. 조심스럽게 한 발짝씩 내딛으면 된다. 그 걸음걸음이 결국은 성취를 만들어내고 변화를 이끌어내는 법이니 말이다.

400만 원으로 부동산을 살 수 있다고?

첫 부동산투자는 내게 중요한 사건이었다. 그간 악착같이 모은 종잣돈으로 한 첫 투자였다. 단순한 매입이 아니라 하나하나 가치를 분석해서 직접 실행에 옮긴 결과였고, 직접 계약서를 작성하고 다달이 월세를 받는 어른의 세계(?)에 진출했다는 의의도 있었다. 이 시기에 내 머릿속에는 2002년 대한민국 월드컵 4강 진출의 신화를 이끌어낸 거스 히딩크 감독의 말이 맴돌고 있었다.

"나는 아직도 배가 고프다!"

어린 나이에 업계에 입문한 나를 대단하다고 띄워주는 사람도 있었다. 하지만 나는 여전히 배가 고팠다. 이제 시작이었다. 한번 맛을 보니 도무지 멈출 수가 없었다. 나는 다시 자본을 모으기 시작했다. 예전보다 훨씬 빠르고 효율적으로 투자금을 모을 수 있었으나,

부동산투자에 필요한 돈이 워낙 큰 액수이다보니 만족스러운 수준은 아니었다. 빨리 목돈을 모아 다른 물건을 매입하고 싶었다. 지금의 이 탄력을 이어가 계속해서 투자 승전보를 울리고 싶었다. 그러나 시간이 너무 오래 걸렸다.

그러던 중 알게 된 것이 바로 '부동산경매투자'였다. 부동산경매는 일반 부동산 중개업소에서 부동산을 구입하는 것이 아니라 법원에서 입찰을 통해 매입하는 방식이다. 시세보다 훨씬 싼 값에 살 수 있는데다가 경락잔금대출이라는 제도를 활용하면 적은 돈으로도 부동산을 매입할 수 있다고 했다. 자본금이 적은 내게 안성맞춤인 투자였다. 좀 더 본격적으로 공부해보자는 생각이 들어 경매 관련 책을 구입해 읽기 시작했다.

공부하면 할수록 부동산경매투자는 정말 매력적인 투자방식이었다. 한창 존 템플턴, 벤저민 그레이엄, 워런 버핏, 피터 린치와 같은 주식투자 대가들의 책을 읽으며 나만의 투자철학을 정립해가던 시절이었는데, 부동산경매투자는 그러한 나의 철학에 아무런 저항감 없이 자연스레 스며드는 방식이었다. 당시 한창 '가치투자'라는 투자철학을 내 몸에 입히는 중이었는데, 이 철학을 부동산에 접목시킬 수 있는 것이 바로 부동산경매투자라는 생각이 들었다.

'가치투자'란 기업의 내재가치에 비해 싸게 거래되는 기업의 주식을 샀다가 제 가치에 도달하면 파는 투자를 말한다. 해당 주식이 갖고 있는 가치에 비해 가격이 싸다고 판단되면 매입해서 가치가 가격과 비슷해지거나 넘어섰다고 판단될 때에는 매도하는 것이다.

부동산경매는 이 철학에 부합하는 투자방식이었다. 미래 전망을 아예 고려하지 않는 것은 아니지만, 철저히 현재 가치에 충실해서 투자하는 것이 가치투자의 기본 철학이었다. 벤저민 그레이엄은 가격과 가치의 차이를 '안전마진(safety margin)'이라고 했는데, 이는 사전에 확실히 수익이 예상될 때에만 매입하는 것이라 할 수 있다. 가격이 가치보다 적을 때 주식을 매입해서 가격이 제 가치까지 도달할 것을 기다리다 투자하는 것이 가치투자인 것이다.

부동산에 접목하면 이런 식이다. 1억 원의 부동산을 경매에서 7000만 원 이하로 구입한다. 이 경우, 물건을 사는 순간 이미 수익이 발생한다. 앞으로 부동산 가격이 크게 떨어지거나 오르지 않아도 걱정할 필요 없다. 이미 시세보다 훨씬 싼 7000만 원에 매입했기 때문이다. 가격이 오른다면 정말 땡큐인 것이고, 굳이 오르지 않아도 손해는 나지 않는다. 매입하는 순간 수익을 얻는 셈이다.

나는 한 방을 기대하는 분양권투자나 재개발투자, 지방 토지에 묻어두기 식의 투자에는 관심이 없었다. 온전히 '운'에만 기대는 방식이기 때문이다. 언제 가격이 오르거나 떨어질지 전혀 예측할 수 없는 물건에 내 소중한 돈을 투자할 생각은 조금도 없었다. 그런 구조라면 차라리 로또나 왕창 사는 것이 낫다고 생각할 정도였다. (이는 물론 개인적인 성향과 투자철학의 문제다. 분명 이런 투자로도 부자가 되는 사람은 있을 테니 말이다.)

반면 부동산경매투자는 나의 성향, 투자철학, 자금 수준 등을 고려했을 때 내게 꼭 맞는 옷이었다. 확신이 생긴 나는 더 공부에 열중했고, 유료 경매사이트에 가입해 본격적으로 물건을 물색하기 시작했다. 괜찮아 보이는 매물이 있으면 현장답사를 가기도 하고, 다양한 경로로 매입을 시도했다. 그러다 마침내 처음으로 낙찰받게 된 것이 바로 지방의 소형 아파트다.

지방 물건은 수도권에 비해 매매가 대비 임대가의 비중이 상당히 높았다. 굳이 부동산경매를 통하지 않고 중개업소에서 현 시세로 사더라도 괜찮은 수익률이 나오고 있는 상황이었다. (지금은 꼭 그런 것만도 아니다.)

처음으로 도전하는 경매투자였기에 최대한 조심스럽게 접근했다. 권리분석을 꼼꼼히 하며 법적으로 아무런 문제가 없는지 확인하고 또 확인했다. (권리분석이란 해당 부동산을 취득하는 데 법적으로 아무런 문제가 없는지 따져보는 과정을 말한다.)

이제 직접 현장에 가서 물건을 확인해볼 차례였다. 멀긴 했지만 당시 강원도부터 충남, 대구 지역까지 전국적으로 입찰을 시도하고 있었기에 대전 정도는 크게 문제가 되지 않았다. 현장에 도착해서 주변을 쭉 둘러보고 근처 부동산에서 시세를 알아보았다. 시세는 감정가보다 약간 더 높은 수준이었다. 혹시나 싶어 다른 중개업소에서도 확인해보았는데 확실히 맞는 시세였다.

이번엔 내부를 둘러보려고 아파트에 들어가 해당 호수를 찾았다. 집이 어떻게 생겼는지 볼 심산으로 심호흡을 한 번 하고 벨을 눌렀다. 그런데 아무도 없는지 두세 번 초인종을 울려도 인기척이 들리지 않아 관리사무소를 방문했다. 세입자가 이사를 간 이후였다.

부동산경매투자를 할 때 제일 꺼려지는 부분 중 하나가 '명도'다. 업계에서는 해당 부동산을 점유하고 있는 소유자나 임차인을 내보내 완전히 소유권을 취득하는 것을 명도라 일컫는다. 대전 물건의 경우, 이미 집이 비어 있으니 명도가 해결된 것이나 다름없었다.

마음이 조급해졌다. 경매 감정가보다 시세도 높았고, 준공한 지 4년 정도밖에 되지 않은 건물이라 상태도 좋았다. 내부를 확인하지 못한 것이 걸렸지만 이 정도면 훌륭한 조건이었다. 고민 끝에 입찰하기로 결심했다.

당일, 경매 법정은 많은 사람으로 붐비고 있었다. 혹시나 내가 입찰한 물건에 사람들이 몰려 낙찰을 받지 못할까 걱정이 되기 시작했다. 미리 산정해온 입찰가가 왠지 너무 낮은 것 같아 고쳐 쓸까 하고 망설이기도 했다. 어쩐지 나 말고 다른 사람들도 대전 물건의 가치를 알아보고 잔뜩 노리고 있을 것만 같아 결국 입찰가를 높여 적었다.

마침내 입찰이 마감되고 개찰이 시작됐다. 꽤 오랜 시간 끝에 내가 입찰한 물건의 순서가 돌아왔다. 많은 사람이 입찰했을 거라 생각했는데 막상 개찰해보니 입찰자는 단 2명. 나와 기존에 그 집에 거주하던 세입자였다. 임차해서 살던 집이 경매에 나오자 자신이 직접 낙찰을 받으려고 한 것이다.

결과적으로 최종 낙찰의 영광은 내가 차지했다. 당시 시세가 5500만 원 정도였는데, 3700만 원에 낙찰을 받았고, 경락잔금대출로 2500만 원을 받았다. 보증금 1000만 원에 월세 30만 원으로 세를 놓고 나니, 법무비와 밀린 관리비 등을 다 포함해도 실제 투자금은 400만 원도 채 되지 않았다. 연 수익률이 50%에 육박하는 아주 성공적인 투자였다. 임대수익만 계산했는데도 이 정도니 추후에 매도차익까지 더한다면 꽤 괜찮은 성과가 나올 터였다. 시세보다 훨씬 싸게 매입한데다 레버리지까지 극대화한 결과였다.

이 낙찰은 내 경매투자에서의 첫 승전보였고, 내가 본격적으로 부동산경매에 뛰어들게 된 시발점이 되었다. 이곳은 신세계였다. 더 이상 은행 예·적금은 물론이고 시중의 어떤 금융상품에도 눈이 가질 않았다. 여타 다른 부동산투자 방식도 마찬가지였다. 반신반의하던 마음이 실제 투자로 성과를 내는 순간 확신으로 바뀌게 되었다. 여기에 승부수를 던져야겠다고 마음먹었다. 그렇게 나는 부동산경매에 본격적으로 뛰어들게 되었다.

부동산경매,
첫 발을 내딛다

혼자서 책을 읽으며 공부하는 데에는 한계가 있었다. 기왕 승부수를 띄웠다면 제대로 공부해야겠다는 생각이 들었다. 그때부터 시중에 존재하던 경매 강의는 거의 다 들었다 해도 과언이 아닐 만큼 거침없는 수강 생활이 시작됐다.

정말 각양각색의 강의를 들었다. 우리네 주변에서 흔히 볼 수 있는 너무도 평범하지만, 그럼에도 불구하고 부동산경매투자를 통해 놀라운 성과를 만들어내는 분의 강의도 들었고, 실전 투자 경험은 부족하지만 탄탄한 이론과 체계적 논리로 중무장되어 내게 든든한 개념적 밑바탕을 만들어준 강사님도 있었다. 정말 범접할 수 없는 내공과 실전 투자 사례로 내 기를 죽이는 강의도 있었고, 여러모로 내가 역할모델로 삼고 싶을 만한 분의 수업도 들었다. 물론 정말 수강료가 아까울 정도로 영양가 없고 질 낮은 강의도 있었다.

강의당 수강료가 최소 30만 원 정도였으니, 이 시절 수강에 쓴 금액이면 아마 중고차 한 대는 뽑았을 것이다. 하지만 아쉽지도, 후회되지도 않는다. 그 돈이 후에 몇 배의 수익으로 돌아왔으니 강의의 효과는 기대 이상이었다고 할 수 있겠다.

강의를 함께 듣는 수강생과의 교류도 큰 도움이 되었다. 다양한 강의를 들을수록 인맥도 자연스레 넓어졌고, 곧 온라인 카페 활동으로 이어졌다. 무척 어린 나이에 투자에 관심을 갖고 시장에 직접 뛰어들어 성과를 만들어가는 나를 보면 사람들은 매우 신기하다는 반응이었다. 젊음이란 건 정말 큰 무기인 동시에 큰 부담이기도 했다. 누가 봐도 학생인 나는 어딜 가나 주목을 받으며 사람들 입에 오르내렸고, 항상 해당 기수의 스타 아닌 스타가 되어 있었다.

온라인 카페 활동을 통해 나는 더욱 많은 사람과 교류하게 되었고, 카페 칼럼니스트로서 활동하며 주기적으로 투자 관련 칼럼을 연재할 기회도 생겼다. (그때부터 '유비'라는 필명을 사용했다. 혈혈단신의 유비가 관우, 장비, 제갈량 등 평생의 동지를 만나 천하통일을 꿈꾸었듯 나 또한 이 분야에서 그런 인생을 살고 싶다는 바람과 다짐 등이 담긴 필명이었다.) 칼럼은 카페 회원들로부터 좋은 반응을 얻었고, 그에 부흥하기 위해 나는 더욱더 내공 쌓기에 매달렸다. 단순히 젊은 것만으로 주목받기보다 실력으로 인정받고 싶었기 때문이다. 온·오프라인을 넘나드는 사람들과의 교류는 고독한 투자자로 살아가던 내게 적지 않은 위로이자 자극제가 되어주었다. 어린 나이에 이해관계가 얽힌 많은 사람을 상대하다보니 상처받는 일도 빈번했으나, 그만큼 나 자신을 강하게 단련하는 계기가 되기도 했다.

첫 낙찰 이후 나는 보다 적극적으로 부동산경매에 뛰어들었다. 인터넷으로 물건을 검색해 조금이라도 괜찮다 싶으면 장소를 마다하지 않고 어디든 찾아다녔다. 춘천, 강릉, 안산, 부천, 화성, 천안, 대전, 광주 등 전국 곳곳을 뒤지고 다녔다. 혼자서 전투적인 자세로 다녀오기도 했고, 여행할 겸 가볍게 둘러보고 오기도 했다. 경매투자에는 큰돈이 들지 않았기에 다달이 발생하는 수입으로 바로바로 투자에 뛰어들 수 있었다. (특히나 지방 물건은 낮은 낙찰가와 적극적인 레버리지 활용 덕택에 최종적으로는 실투자금이 거의 들어가지 않는 것이 상당했다.)

경매투자에 전문성이 생기고 자신감이 붙은 뒤에는 생애 최초로 매입했던 고양시 오피스텔을 팔아 더 많은 투자금을 확보했다. 부동산경매시장을 알게 되자 급매로 매입한 수익률에 만족할 수가 없었기 때문이다. (그러고보면 투자는 정말 한 치 앞조차 알 수 없는 것인지도 모르겠다. 1년 뒤 바로 매도하게 될 줄 알았다면 매입 전에 그토록 많은 고민과 연구, 답사를 하진 않았을 테니. 하지만 상황은 변하기 마련임을 인정해야 한다. 투자자는 최대한 미래를 예측하려 노력하되, 시시각각으로 변하는 상황에 유동적으로 대처할 수 있어야 한다.)

돌이켜보면 정말 숨 가쁜 하루하루였다. 학교생활에 과외교습 및 공부방 운영, 끝없는 투자 및 자본시장 관련 공부, 일주일에 몇 차례씩 내려가는 지방 현장답사와 실제 경매입찰 등으로 어떻게 시간이 흘러가는지도 알 수 없었다. 조금이라도 동선을 줄이고자 학교

수업을 주 2~3회로 몰아버리고 인터넷으로 수강가능한 강의를 늘렸다. 과외수업 및 공부방 운영에 노하우가 쌓이며 준비 시간이 단축되자 좀 더 효율적인 시간활용이 가능해졌다.

그렇게 나는 하루가 다르게 성장해갔고, 자산을 계속해서 불려나갔다. 정말 말 그대로 '열심'히 살았던 시절이었다. ('열심'이란 마음에 열이 날 정도로 힘써 행하는 것이라 한다.)

발상의 전환이 경제적 자유를 만든다

처음 내 목표는 '부자가 되는 것'이었다. 그런데 목표를 향해 달리다보니 어느 순간 그보다 중요한 것이 있다는 사실을 깨달았다. 바로 '경제적 자유를 얻는 것'이다. 계속해서 돈을 벌기 위해 부동산을 샀다가 팔고, 그러는 동안 내 시간과 노동력을 끊임없이 투입하는 건 고소득을 얻기 위해 좋은 직장에 들어가는 것과 다를 게 없었다. 아무리 돈을 많이 번다 해도, 그 돈을 벌기 위해 내 청춘을 갖다 바쳐야 한다면 나는 결국 돈의 노예에 불과하다.

오로지 내 노동력에만 의존해 돈을 버는 삶은 마치 다람쥐 쳇바퀴와 같다. 쳇바퀴를 더 빠르게, 더 많이 돌리려면 내 몸을 혹사시키며 쉬지 않고 뛰는 수밖에 없기 때문이다. 한번 이 길에 들어서면 세월이 흐를수록 점점 더 그 늪에 빠지게 된다.

발명왕 토머스 에디슨이 한 유명한 말이 있다.

천재는 1%의 영감과 99%의 노력으로 이루어진다.

유년 시절 이 말을 안 들어본 사람이 없을 것이다. 우리는 이토록 노력의 중요성을 반복적으로 주입받으며 자랐다. 에디슨처럼 훌륭한 사람이 되려면 열심히 노력해야 하고, 그러므로 오늘도 더 열심히 공부하고, 더 열심히 살아야 한다고.

그런데 에디슨은 정말 '노력'의 중요성을 강조하기 위해 이 말을 한 것일까? 정말 수치상 99%를 차지하는 '노력'으로 천재가 될 수 있는 것일까?

물론 에디슨이 정확히 어떤 의미에서 저 말을 했는지는 알 수 없다. 그러나 적어도 부자가 될 우리는 저 말을 조금 다르게 해석할 필요가 있다.

경제적 자유를 얻기 위해선 무조건적인 노력이 아니라 발상의 전환이 필요하다. '99%의 노력, 1%의 영감'에서 핵심은 오히려 '영감'인 것이다. 아무리 노력해도 그 1%의 영감이 없다면 결국 경제적 자유는 요원한 일이 될 수밖에 없다.

우리는 기존의 발상과 관점에만 너무 얽매여 사는 경우가 많다. 어릴 때부터 보고 들은 것이 정답이라고 믿고 별다른 의심 없이 받아들이곤 한다. 하지만 통상적으로 알려져 있다고 모두 정답인 건 아니다.

학창 시절, 우리는 콜럼버스가 아메리카 신대륙을 발견했다고 배웠다. 용감한 콜럼버스가 지구 반대편으로 목숨을 건 탐험을 시작했고, 그러다가 발견한 것이 아메리카 대륙이라는 것이다. 여기서 의심을 품어볼 필요가 있다. 정말 콜럼버스가 아메리카 대륙을 발견한 것일까? 아메리카 원주민이 콜럼버스를 발견한 것은 아닌가? 콜럼버스는 정말 위대한 모험가일까? 신대륙 원주민 입장에서는 아주 잔인한 침략자일 것 같은데? 다른 관점에서 역사를 바라보면 세상은 완전히 달라진다.

마찬가지로, 부자가 되려면 좋은 회사에 입사해야 한다는 건 어디서 나온 말일까? 더 많이 돈을 벌려면 더 열심히 일해서 빨리 승진해야 한다는 것이 정말 진리일까? 왜 평생 회사에 종속되어 노예처럼 일하다가 은퇴할 무렵이 되어서야 월세 받을 생각을 할까? 젊을 때부터 월세를 받고 살면 안 되는 걸까?

이념을 논하자는 것이 아니다. 세상을 무작정 배배 꼬아서 바라보자는 것도 아니다. 경제적 자유를 꿈꾸는 사람이라면 발상의 전환을 할 줄 알아야 한다는 것이다. 한 방향으로만 바라보던 세상을 다른 쪽에서 바라보자. 그동안 당연시 여겼던 것들에 물음표를 던져보자.

돈이 많아야만 부동산을 살 수 있는 것이 아니다. 젊을 때부터 월세를 받는다고 평생 일 없이 놀기만 하는 것도 아니다. 생업과 꿈 사이에서 치이고 있는 이들에게는 조금이나마 들어오는 월세 수입이 굉장히 큰 힘이 되기 마련이다. 생계 때문에 하기 싫은 일을 억지로 하는 것이 아니라, 자신의 꿈에 더욱 몰두할 수 있게 된다.

생각을 1%만 바꾸어보자. 반드시 일해야만 돈을 버는 건 아니다. 내 노동력에 의존하지 않는 소득구조가 존재하기 때문이다. 나이가 들고 돈이 충분할 때만 가능한 시스템이 아니다. 최대한 이른 나이에 이 시스템을 구축해야 한다. 일하지 않고도 평생 돈 걱정 없는, 진정한 경제적 자유의 길을 찾아라.

주식투자 vs 부동산투자

주식 이야기를 하지 않을 수 없을 것 같다. 주식투자는 자본시장의 커다란 축이자, 일반 투자자들이 비교적 쉽게 접할 수 있는 재테크 수단이다. 살면서 주식투자 한 번 해보지 않은 사람도 드물고, 관련 계좌 하나 갖고 있지 않은 사람도 찾기 힘들 것이다. 하지만 주식으로 돈 벌었다는 얘기보다는 패가망신했다는 소리가 더 자주 들린다. 오죽하면 주식, 도박하는 남자와는 상종도 하지 말라는 조언까지 생겼을까.

내 책장은 수많은 투자, 자본시장 관련 책들로 가득한데, 유독 주식투자 관련 책만은 그 수가 미미하다. 보통 20대에 투자나 재테크를 시작하면 으레 주식투자가 그중심에 있기 마련이다. 대학생들 사이에도 주식투자 동아리가 활발하게 활동하고 있고, 그 수준과 전문성을 볼 때 결코 무시할 수 없는 이들이 상당하다. 대학 시절 주식투자 자문사를 차려 지금은 어엿한 중견 자문사의 대표로 활동하고 있는 분들도 있을 정도니 말이다. 그런데 왜 나는 이런 주식투자에 눈길이 가지 않았을까?

아마 내 '성향'의 영향이 클 것이다. 누구나 자신에게 맞는, 어울리는, 적합한 투자법이 있기 마련이니. 다만 성향을 떠나 객관적인 시선으로 보았을 때, 피 같은 종잣돈을 조금이라도 불려보고자 투자시장에 뛰어든 보통의 소액투자자들에겐 주식투자가 어울리지 않는다. 나를 비롯한 일반 서민 입장에서 주식에 투자할 수 있는 돈은 몇백만 원에서 많아야 몇천만 원 수준이다. 그러나 주식으로 얻을 수 있는 수익은 대개 투자자의 기대치를 밑돌기 마련이다.

어느 분야든 마찬가지겠지만 주식에 관련해서는 유독 자신만의 투자비법을 알려주겠다는 자칭 '고수'들이 상당히 많다. 그들은 각종 그래프와 도표를 펼쳐놓고 자신만의 노하우인 양 패턴을 나열한다. 열심히 공부하면 그래프에서 법칙을 읽는 능력을 기를 수 있다고 한다. 그런데 그렇게 차트를 읽는 능력을 키운다고 주식투자 수익률도 무한정으로 끌어올릴 수 있을까?

그들은 우리가 한국은행의 금리 인상 전망과 들쑥날쑥한 실업률, 예측하기 힘든 환율변동과 관련 섹터 내부 기업들의 미래 경쟁구도까지 읽을 줄 알아야 한다고 강조한다. 더 절망적인 건, 국내 경제를 넘어 미중 무역전쟁, 한미 갈등, 남북한의 위기고조까지 들먹인다는 것이다. 중동의 내전까지 우리의 관심 대상이어야 한다니…

통제할 수 없는 변수가 너무도 많고, 정말 돈 벌기 쉽지 않음을 알 수 있다. 투자기법을 이야기하고 주가지수의 미래를 예측하는 이들은 정말 이 모든 것을 알고 있는 걸까?

그래, 백 번 양보해서 저 모든 것을 다 익히고 차트를 읽는 능력도 길렀다 치자. 여기서 더 중요한 건, 우리가 거둘 수 있는 수익이 있는지 여부다. 보통 사람들 입장에서 투자공부가 이토록 힘들고, 그렇게 공부하더라도 1년 뒤 기대할 수 있는 수익이 고작 은행금리를 웃도는 수준이라면, 주식은 그다지 좋은 투자대안은 아닌 듯하다.

단언컨대, 몇백만 원에서 몇천만 원 사이의 소액투자로 1년 뒤 거둘 수 있는 수익을 비교했을 때 부동산경매투자를 이길 수 있는 투자수단은 없다. 일회성이 아닌, 우연에 기댄 것이 아닌, 대다수가 자신의 노력으로 거둘 수 있는 평균의 수익을 기준으로 할 경우다. 소액투자자에게 이보다 좋은 투자수단은 없다. 자신이 원하는 매입가격을 정해 그 가격에 입찰을 해서 낙찰을 받으면 성공한 것이고, 낙찰받지 못해도 입찰보증금을 고스란히 돌려받으니 결코 손해가 나지 않는다. 발생할 수 있는 위험 가능성은 주식과는 다르게 사전에 충분히 예측가능하다.

부동산경매투자가 유일한 해답이라고 말하는 것이 아니다. 일반 부동산투자는 물론이고 주식투자, 채권투자, 펀드를 비롯한 각종 금융상품, 하물며 예·적금까지 모두 각자의 매력과 장점을 지니고 있다. 다만 내가 가진 것이 없을수록, 아는 것이 부족할수록 부동산경매로 초기에 자산을 불려가야 한다는 생각에는 변함이 없다. 자신의 성실성과 노력, 자본, 시간을 투입해 기대할 수 있는 수익률을 비교했을 때 이보다 더 훌륭한 투자수단은 없기 때문이다.

주식투자의 비법을 알려주겠다는 당신, 내가 보기엔 그쪽도 잘 모르는 것 같은데?

지금 외롭다면 잘 벌고 있는 것이다

부자가 되고 싶은가? 그렇다면 고독과 악수하라. 부자가 된다는 건 완전히 다시 태어난다는 것을 의미한다. 로또 대박을 맞은 대부분의 사람들이 부자로 살지 못하고 다시 원래의 삶으로 돌아가는 까닭은, 돈은 많이 갖고 싶었지만 남들과 달라지는 것을 두려워했기 때문이다. 고독한 길을 걷기엔 너무 나약했기 때문이다.

투자기법을 배우기 이전에 나는 과연 고독에 익숙한지 냉정히 점검해보라. 이기주의자가 되라는 것도, 처절하게 인내하라는 것도 아니다. 말 그대로다. 나는 고독에 익숙할 수 있는 사람인가?

당신이 현재 모아놓은 돈이 없고 지식이 전무하다 할지라도 고독에 익숙할 수 있는 사람이라면 시기의 문제일 뿐 부자가 될 자질은 충분하다.

남들과 달라짐을 두려워 말자. 더 자세히 말해 서민을 벗어나는 것에 두려움을 갖지 말자는 것이다. 사람은 원래 함께 있을 때 안정을 느끼는 존재지만, 부자로 가는 길은 그와 반대로 외롭고도 고독한 길이다. 마음 깊숙한 곳에 내재된 두려움을 떨쳐내지 못하면 부자가 될 수 없다.

부자의 문턱에 가까워질수록 당신을 궁지에 모는 사람이 많아질 것이다. 시기하고, 질투하고, 불평하고, 분노할 것이다. 당신이 나쁜 짓을 해서가 아니다. 돈이 많기 때문이다. 부자라면 원래 욕을 먹는 것이다. 당신이 소수라서, 남들과 달라서다. 평범하지 않기 때문이다. 서민이 아니라 부자이기 때문이다. 그러나 견뎌야 한다. 두려워할 필요 없다. 부자는 원래 고독한 법이니까.

특히 투자자는 혼자 있는 것을 두려워해선 안 된다. 혼자 있을 수 있어야 시류에 휩쓸리지 않고 있는 그대로의 세상을 목도할 수 있으며, 자신이 누구인지, 어떤 사람인지를 살필 수 있다.

내가 하려는 일에 나 말고도 다른 사람들이 뛰어든다면 누군가는 '이렇게 많은 사람이 투자하는 걸 보니 확실한 기회구나!'라고 생각하고 안정과 확신을 얻을지 모른다. 그러나 성공하는 투자자는 반대로 행동한다. 투자처에 사람이 몰리는 것은 얇은 얼음판 위에서 수많은 사람이 함께 스케이트 타는 것과 다름없다. 매우 위험한 상황인데, 사람들은 오히려 '저렇게 많은 사람이 있으니 저기가 안전하구나' 하고 착각한다.

대중과 반대로 가는 길에 답이 있다. 모두가 팔 때 과감히 살 수 있는 용기가 필요하며, 모두가 확신을 갖고 우르르 몰려들 때는 섣불리 덤빌 것이 아니라 뒤로 물러나 상황을 냉정히 판단할 수 있어야 한다.

물론 무조건 대중과 반대되는 길을 가야 하는 건 아니다. 일시적 유행인지, 거스를 수 없는 큰 흐름인지 정도는 구분할 줄 알아야 한다. 전자라면 당연히 동조하지 말아야 하지만 후자라면 기꺼이 동참해야 한다. 소셜미디어와 스마트폰이 대세인데 홀로 고독한 길을 걷겠다며 2G폰을 고수할 수는 없지 않은가.

하지만 기본적으로 투자자는 고독에 익숙해질 필요가 있다. 그래야 한 발 물러서서 세상에 대한 객관적 관찰을 할 수 있다. 모름지기 그 상황에 같이 빠져 있으면 시류를 잘못 읽을 가능성이 높다.

그래서 나는 항상 스스로를 '자발적 고독' 상태에 두려고 노력한다. 어떻게든 하루 중 얼마간은 고요 속에서 독서하거나 사색하는 시간으로 보내려 노력한다. 반드시 하루 한 시간 이상은 이어폰을 꽂고 달리면서 땀을 흠뻑 흘린다. 그러면 머리가 맑아지는 게 느껴진다. 한 치 앞조차 알 수 없는 인생이라는 정글에서 어떻게 살아가야 할지, 어디로 가야 할지에 대한 그림이 조금은 그려진다.

나는 사람들이 많이 몰리는 시간과 장소는 되도록 피한다. 웬만해서는 붐비는 시간대에 관련 장소로는 가지 않으려 한다. 밖에서 식사할 때도 일부러 조금 기다렸다가 사람들이 다 빠지고 난 뒤에 식당에 들어간다. 일주일 중 월요일을 가장 한가롭게 보낸다. 대부분 월요병으로 치열한 하루를 보내고 있는 시간에 나는 세차를 하거나 대청소를 하고, 한적한 대형서점에 가서 신간을 둘러본다. 모두가 주말에 쇼핑을 하지만 나는 보통 주초에 물건을 사는데, 그러면 손님이 많지 않아 제대로 대접받으며 쇼핑할 수 있다.

반면 토요일 오후부터 일요일까지는 대부분의 시간을 집에서 보낸다. 차를 끌고 고속도로로 나가거나 중심 번화가에 나가는 일은 되도록 하지 않는다. 한번은 어쩔 수 없이 일요일에 차를 몰고 백화점에 간 적이 있는데, 주차장 100미터 전부터 차가 꼼짝하지 않는 걸 보며 정말 빼저리게 후회했다.

때론 의도적으로 무리에 섞이는 시간을 만들기도 하는데, 그건 바로 금요일 밤이다. 아직 철이 덜 든 것인지, 끓어오르는 젊음을 주체할 수 없어서인지는 모르겠지만 항상 불타는 금요일 밤을 보낸다. 평일에는 절대 술을 입에 대지 않는 대신 금요일 밤만은 마음껏 허락한다. 원만한 사회생활과 인간관계 형성을 위해서라는 그럴듯한 핑계를 대면서 말이다.

그럼에도 기본적으로 나는 항상 대중과 반대의 길을 걷는다. 지난 경험을 미루어 보았을 때도 남들과 반대되는 길을 갈 때 좋은 성과를 거두곤 했다. 결국 투자자는 고독할 수밖에 없다는 것이 내 결론이다. 자발적 고독이야말로 투자자의 숙명이니까.

책에서
돈을 찾다

누군가 내게 투자로 돈을 벌려면 어떻게 해야 하느냐고 묻는다면 나는 이렇게 말할 것이다.

"지금도 저는 투자가 어렵고 두렵습니다. 저도 어떻게 투자를 해야 돈을 벌 수 있는지 사실 잘 모르겠습니다."

그럼에도 그가 조금이라도 조언할 말이 없느냐고 묻는다면 이렇게 대답할 것이다.

"독서를 시작해보세요."

나는 그동안 정말 탐욕스러울 정도로 책을 읽었다. 사실 학창 시절에는 거의 책을 손에 들지 않았다. 특히 중학교 입학 후부터는 독후감 숙제 때문에 억지로 한 독서 외에 자발적으로 읽은 책이 1년에 한 권 정도에 불과했다. 그마저도 당시의 유명한 베스트셀러여서 주변 분위기에 휩쓸려 괜히 읽는 척한 거라 봐야 한다.

독서욕이 생긴 것은 스무 살이 넘은 뒤, 부자가 되고 싶다는 강렬한 열망을 품고부터였다. 지금 돌이켜보면 참으로 불순한 의도가 아닐 수 없다. 부자가 되고 싶다는, 돈을 벌고 싶다는 이유로 책을 읽었으니 말이다.

그래서 처음엔 늘 돈, 재테크, 투자와 관련된 책만 읽었다. 초반엔 대놓고 돈 버는 법, 부자 되는 법에 대해 읽다가 시간이 흐른 뒤에는 투자 대가들의 평전이나 자서전, 체계적인 이론서 등으로 조금씩 옮겨갔다. 그 시기가 지나자 투자뿐만 아니라 전반적인 경제 경영서나 역사서로 영역이 넓어졌다. 최근에는 깊이가 더해져 정치나 사회현상을 다루는 책, 철학 등의 인문 영역까지 관심이 동하고 있다.

그러고 보면 처음 독서습관을 들일 때에는 장르가 크게 상관없는 듯하다. 만화책이든, 판타지 소설이나 무협지이든 일단은 손에 들고 읽는 행위를 꾸준히 한다는 그 자체가 중요하다. 독서가 습관이 되면 자연스럽게 깊이가 생기고 다양한 분야로 눈길이 간다. 만약 누군가 처음부터 내게 인문학 책을 강제로 읽혔다면 절대 지금처럼 꾸준히 다독하는 습관을 들이진 못했으리라. 독서는 이제 완전히 나의 습관이 되었고, 인생의 일부라고까지 할 수 있게 되었다. 아마 남은 인생을 사는 동안 그 누구보다 소중한 나의 벗이 되어줄 것이다.

주변에 누구 하나 뚜렷한 길을 제시해주는 이가 없을 때, 독서는 나의 스승이었고 앞길을 밝혀주는 등불이었다. 상투적인 말일 수 있지만 정말 책 속에 길이 있었고, 어디 하나 의존할 곳 없는 내게는 너무도 든든한 힘이 되어주었다. 외롭고 고독한 길을 뚜벅뚜벅 걸어가는 인생의 여정에서 책은 나의 친구이자 위로의 수단이었다. 삼국지의 유비가 내 친구였고, 워런 버핏이 나의 스승이었다. 존경스러운 인물의 이야기를 읽고 있노라면, 그가 오직 나만을 위해 강의해주는 느낌이 들기도 했다.

나는 독서를 통해 한 번도 살아보지 못한 다른 사람의 인생을 체험할 수 있었다. 어린 나이에 멋모르고 사업에 뛰어들었다가 크나큰 실패와 좌절을 겪은 이의 인생을 살아보기도 했고, 가족까지 나 몰라라 하며 평생 회사에 충성하다가 버려진 사람의 입장이 되기도 했다. 믿었던 직원에게 배신당한 사장의 감정, 굴욕적인 치욕과 수모를 당한 한 나라의 왕도 될 수 있었다.

어차피 우리에게 주어진 시간은 한정되어 있고, 누구에게나 삶은 한 번뿐이다. 독서는 누구나 다양한 삶을 살아볼 수 있도록 돕는 훌륭한 매개다. 조금의 돈과 약간의 시간만 투자하면 누군가가 수십 년 동안 겪은 인생을 함께 경험할 수 있으니, 그 효과야 굳이 설명할 필요가 있겠는가.

이외에도 책은 세상의 이면을 바라볼 수 있는 통찰력을 길러주고, 투자 의사결정의 판단력도 향상시켜주었다. 세상은 넓고 책은 많다. 앞으로도 나는 독서를 멈추지 않을 것이기에 무엇을 또 배울 수 있을지, 얼마나 다양한 사람의 인생을 살아볼 수 있을지 생각만

해도 설렌다.

나만의 독서법을 잠시 언급하면서 글을 맺으려 한다.

흔히 독서에는 정독, 속독, 발췌독 등이 있다고 하는데 나는 웬만해서는 모든 책을 '정독'한다. 책을 많이 읽는 분들이 흔히 추천하는 방법이 발췌독, 즉 필요한 특정 부분만 찾아 읽는 독서법인데 나는 이 방식과 잘 맞지 않는다. 그런 식으로 책을 읽으면 정말로 이 책을 읽은 느낌이 들지 않는 까닭이다. 설령 한 권의 책이 한두 가지 주제를 내세우고 나머지 분량은 그에 대한 증명이나 사례로 가득하다 해도, 나는 반드시 전체를 다 읽는다. 물론 다른 책보다 집중도가 떨어질 수 있겠지만 말이다.

그래서 내가 어떤 책 한 권을 읽었다고 하면, 이는 그 책의 프롤로그부터 에필로그 사이에 기록된 모든 글자를 다 읽었다는 의미다. 얼마나 집중하는지, 얼마나 의미를 곱씹으며 읽는지 정도의 차이만 있을 뿐이다.

독서할 때 무엇보다 중요한 것은 생각하며 읽어야 한다는 것이다. 독서에서 사색과 사유는 필수다. 독서는 단순히 지식을 머릿속에 넣기 위한 행위가 아니다. 내용을 암기하거나 정보취득만을 목적으로 하는 것이 아니다. 글자를 그저 눈으로만 읽는 데 그친다면 그 책은 헛 읽은 것이다. 시간이 아까우니 차라리 밖에 나가 술 마시며 노는 게 낫다.

책을 읽을 때는 끊임없이 생각해야 한다. 이 내용이 정말 사실일까? 왜곡된 진실은 아닐까? 주인공은 이 상황에서 어떤 기분을 느꼈을까? 나라면 이 상황에서 어떤 선택을 했을까? 이 명제는 지금도 유효한가? 영원한 진리일까, 아니면 지금 이 순간에만 통하는 유행일까? 이렇게 다양한 사고를 하며 적극적으로 독서해야 한다. 그렇기에 다 큰 어른이 동화를 읽는 것도 나는 매우 의미 있는 일이라 생각한다. 어릴 때 읽은 것과 같은 내용이고 쉬운 내용일지라도, 읽는 이의 경험과 생각의 폭, 사유의 깊이에 따라 전혀 달리 읽히기 때문이다.

독서를 하다보면 때로 심장이 쿵쾅거리고 흥분되어 좀처럼 가만히 앉아 있기 힘든 경험을 하기도 한다. 이는 정말 뒤통수를 망치로 내리치듯 커다란 깨달음을 얻었기 때문일 수도 있고, 저자나 소설 속 주인공에 완전히 감정이입이 된 까닭일지도 모른다. 이는 정말 드물게 느낄 수 있는 독서의 색다른 선물이다.

나는 보통 1~2주에 한 번씩 대형서점을 방문한다. 수시로 인터넷서점을 둘러보기도 한다. 베스트셀러 목록을 보며 사회의 트렌드를 익히고, 최근 출시작들을 보면서 어떤 흥미로운 책이 있는지 살피는 것이다. 종로나 강남역 근처에서 약속이 있을 때는 꼭 대형서점에 주차를 하고 책을 한두 권 산다. (대형서점에서 책을 구입하면 2시간 정도는 무료주차가 가능하더라.)

성공하고 싶다면, 부자가 되고 싶다면 독서하는 습관을 들이자. 책 속에 정말 길이 있다. 그 길을 따라서 나아가다보면 어느새 성공의 문을 발견할 수 있을 것이다.

빠른 시작이 모든 것을 바꿨다

세계적인 기업가나 재벌들이 보면 우습다고 하겠지만 나는 스스로를 부자라고 생각한다. 단지 먹고살기 위해 하기 싫은 일을 억지로 하지 않아도 되고, 누군가의 명령이나 지시에 따라 움직이는 인생을 살지 않아도 된다. 가고 싶지 않은 회식에 참석하지 않아도 되고, 억지로 누군가의 비위를 맞추려고 애쓸 필요도 없다. 남들이 잔뜩 구겨진 표정으로 먹고살기 위해 지옥철에 올라탈 때, 나는 출근하지 않고도 돈이 들어오는 시스템을 만들어놓았다.

대한민국의 비슷한 또래와는 비교할 수 없는 자산을 일구었고 수입구조를 구축했다. 그간의 서러움과 외로움을 보상받는 것 같아 자랑스럽기도 하다.

돈도 돈이지만, 내가 그 무엇보다 갈망했던 것은 '자유'다. 아침에 무조건 일찍 일어나지 않아도 되는 자유, 일요일 밤 우울하지 않아도 되는 자유, 존경하지도, 닮고 싶지도 않은 사람으로부터 이래라저래라 명령을 듣지 않아도 되는 자유…. 단순히 돈 때문에 나를 팔지 않아도 되고, 억지로 일의 노예가 되지 않아도 된다는 점에서 나는 분명 자유인이다.

이 모든 과정의 핵심은 결국 '빠른 시작'이었다. 비교적 이른 나이부터 자유를 갈망했고, 실행에 옮겼기에 가능했다. 스무 살에 시작하면 10년 후 실패한다 할지라도 서른밖에 되지 않는다. 그런 마음으로 거침없이 나아갈 수 있었다.

물론 일찍 시작한 만큼 많은 시행착오를 겪기도 했다. 갓 면허를 따서 운전이 미숙한데도 생전 처음 가보는 지방 곳곳을 뒤져야 했고, (지방 현장답사가 고속도로 운전의 첫 경험이었기에 톨게이트에서 어떻게 해야 할지 몰라 한참을 헤매기도 했다.) 사회생활을 오래 했다면 그다지 어렵지 않았을 일들을 너무도 힘겹게 풀어갔다. 어른들의 세계에 일찍 발을 들였기에 사람들로부터 상처도 많이 받았다. 선의를 선의로 받아들이지 않고 이를 이용하는 어른들이 세상엔 너무 많았다.

하지만 어차피 살면서 겪어야 할 것들을 미리 경험했기에 시행착오는 있을지언정 시간이 지날수록 내 성장에는 가속이 붙었다. 특히나 투자시장, 자본시장을 이른 시기부터 관찰해왔다는 것은 매우 큰 이점으로 작용했다. 20대 초반부터 부동산을 장난감 삼아 가지고 놀았으니 이제 그 세월이 13년, 그 기간 내내 대한민국 부동산 시장을 몸소 겪으며 자본주의의 전사로서 살아왔다는 점은 아주 큰 자산이다.

단순 수치에 큰 의미를 부여해서는 안 되겠지만, 일찍 시작했기에 성장할수록 그 효과는 더욱 무섭게 드러날 것이라 믿는다. 남은 날을 살면서 앞으로도 무수히 많은 것에 도전하고, 실수하고, 실패하겠지만 그래도 다시 일어나 걸을 수 있는 시간과 여유가 내겐 있다.

지금 당장 시작해야 한다. 모아둔 돈이 부족하다고, 공부를 더 해야 한다고, 더 많은 경험이 필요하다고, 아직은 때가 아니라고 미루다간 오히려 때를 놓치고 말 것이다. 완벽히 준비된 때란 결코 오지 않는다. 시간이 흐를수록 세상은 더 발전한다. 준비해야 할 것은 영원히 줄지 않는다.

언제까지 준비만 할 것인가. 지금 당장 시작해야 한다. 설령 아직 준비가 되어 있지 않을지라도 말이다. 실패했을 경우를 대비해 리스크를 최소화하는 방식이 될지라도, 지금 당장 액션을 취하는 것이 더 중요하다. 기억하라, 지금보다 더 좋은 때는 없다. 지금이 당신의 가장 젊은 순간이기에, 부자 되기 가장 좋은 순간이기에.

Part 4

흙수저를 위한 돈 사용설명서

투자란 결국

시간이 많은 자가 이기는 싸움이다.

피 같은 내 돈, 어디로 사라졌나

당신은 한 달에 얼마를 사용하고 있는가? 나의 노동력을 담보로 힘들게 번 돈들이 정확히 어디에 쓰이는지 알고 있는가? 쥐도 새도 모르게 빠져나가는 통에 매번 다음 달 월급만 바라보고 있지는 않은가?

경제적 자유로 가는 출발점에서 가장 중요한 하나는 현재 내 돈이 어디에 얼마만큼 쓰이고 있는지를 파악하는 일이다. 자신의 돈에 관심을 가져야 한다. 샅샅이 파악하고 있어야 한다. 지난 달 내가 번 돈은 정확히 얼마인지, 그중 한 달 동안 빠져나간 돈은 얼마이며, 구체적으로 어디에 쓰였는지, 그래서 현재 내 수중에는 돈이 얼마나 남아 있는지 말이다.

사실 당연한 것인데도 많은 사람이 내 돈의 쓰임을 대수롭지 않게 여기며 살고 있다. 부자가 되고 싶다면서 이런 사소한 것조차 하지 않는 이들이 태반이다. 드라마나 예능 볼 시간은 있고, 친구들과 술 마실 시간은 있고, 다음 달 월급까지 미리 신용카드로 당겨 쓸 시간은 있으면서 정확히 자신의 수입과 지출내역을 파악하지는 않는 것이다. 내가 내 돈에 관심을 가지고 소중히 대하지 않는데 돈이 내 수중에 머물러 있겠는가.

돈은 살아 있는 생명체나 다름없다. 내가 돈을 사랑하지 않고 소중히 다루지 않으면 내 손에서 금세 사라진다. 참 묘한 일이다. 지나치게 집착하거나 짝사랑을 해도 안 되지만, 그렇다고 무관심해버리면 절대 돈의 마음을 얻을 수 없다.

종이를 한 장 꺼내 현재 나의 월수입을 기록해보자. 세금을 제한 뒤 내 통장에 입금되는 정확한 액수 말이다. 이 단계에서조차 멈칫하는 사람이 있을 것이다. '내 연봉이 이 정도니까 세후 월급은 이 정도겠지' 하는 수준에서 머물러 있는 사람이 많다.

투잡을 뛰고 있거나 다른 아르바이트를 병행하고 있다면 그 수입도 정확히 기록하라. 대체 한 달에 내가 얼마나 벌고 있는지 정확히 파악해보자는 것이다. 자영업자도 마찬가지다. 매달 들쭉날쭉은 하겠지만 평균적으로 자신이 얼마나 벌고 있는지 정도는 파악하고 있어야 한다.

수입을 기록한 후에는 지출을 기록해보자. 카드 사용내역은 고지서를 통해서도 알 수 있고, SMS 서비스에 가입되어 있다면 휴대전화에도 기록이 있을 것이다. 만약 지나치게 번거롭다면 이번 달, 바로 오늘부터 하나씩 기록해나가길 바란다. 교통비, 통신비, 월세, 공과금과 관리비, 밥값, 술값, 데이트 비용 등 그야말로 샅샅이 살피고 꼼꼼히 기록하자.

지출내역을 정리한 지 한 달 정도 지났다면 이제 자신의 소비패턴이 어느 정도 드러날 것이다. 의외로 사소하고 쓸데없는 곳에 꽤 많은 돈이 빠져나감을 알 수 있다. 번 돈은 얼마 되지도 않는데 이런 곳에서 피 같은 내 돈이 빠져나가고 있다는 사실을 눈으로 확인하고 나면 마음이 불편해질 것이다. 더욱 슬픈 건, 그렇게 여기저기에 돈을 썼는데도 지난 한 달간 그다지 돈을 마음껏 썼다는 느낌이 들지 않는다는 점이다. 어떻게 썼는지조차 모른 채 돈이 사라져버린 것이다.

자신의 수입과 지출을 분석했다면 이제는 대수술을 진행해야 한다. 먼저 지출에 대대적인 손보기가 필요하다. 수입을 늘리는 것보다는 지출을 통제하는 것이 훨씬 더 쉬운 일이다.

기록해둔 지출내역을 자세히 살피며 '고정지출'을 분류해보자. 어쩔 수 없이 꼭 해야 하는 지출, 살아가는 데 반드시 필요한 지출 말이다. 교통비나 통신비, 집세 등이 있겠다. 고정지출을 따로 분류해 얼마인지 파악한 뒤, 현실적으로 얼마까지 줄일 수 있는지 고민해보자. 말 그대로 고정지출이기에 무작정 아낄 순 없다. 그러나 최소화할 순 있으니 조금이라도 줄일 수 있는 부분을 찾아보자.

고정지출을 제외한 나머지 지출은 '변동지출'이라 한다. 말 그대로 변동이 가능한 지출이기에 얼마든지 절약할 수 있는 부분이다.

자신이 옷을 사는 데 얼마나 쓰는지, 술값으로는 얼마가 나가는지, 데이트에는 얼마나 돈을 쓰고 있는지 들여다보자. 이 중 그리 중요하지 않다고 느껴지는 부분의 지출을 크게 줄여야 한다. 이 과정을 통해 자신의 가치관도 드러나게 된다. 어디에 돈을 쓸 때 자신이 만족하는지, 어느 부분은 포기가 가능한지 조금씩 추려진다.

누군가에게는 매일 저녁 헬스클럽에서 운동하는 것이 삶의 큰 원동력이겠고, 누군가는 사람을 좋아해 어떤 상황에서든 술자리를 사수할 것이다. 애인과의 맛집 데이트가 유일한 낙인 사람도 있을 것이고, 근사한 자동차에 들어가는 유지비만은 절대 양보할 수 없는 사람도 있을 것이다. 명품백이 내 자존감을 높여준다면 생계에 지장이 없는 선에서 구입하라. 밥값보다 비싼 커피일지라도 그것이 자신에게 주는 작은 선물이라면 기꺼이 지갑을 열어라.

남들 눈에 사치처럼 비치더라도 자신이 행복하다면 그걸로 됐다. 그런 것까지 억지로 참으며 자린고비처럼 돈을 모으는 것은 잘못된 재테크다. 재테크와 투자는 풍요로운 인생을 위함이지 그 자체가 인생의 목표는 아니기 때문이다.

물론 유행이라는 이유로, 모두가 다 한다는 이유로 휩쓸리는 소비를 해서는 안 된다. 자신만의 가치판단 기준을 가지고 철저히 구분할 줄 알아야 한다. 굳이 자신이 좋아하지도 않고 중요하게 여기지도 않는 곳에 쓸데없는 지출을 계속한다면 당신은 애초에 부자가 되고 싶지 않은 사람이고, 부자가 될 자격이 없는 사람이다. 이는 재테크의 여부를 떠나 인생을 살아가는 태도 자체의 문제다.

자신이 어떤 사람인지 곰곰이 따져보고, 당당한 지출을 하길 바란다. 줄일 것은 과감히 줄이고, 필요한 돈을 쓸 때는 쿨하게 소비하며 큰 만족을 느껴보라. 타인의 평균적인 기준에 맞추지 말고 자신만의 소비 스타일을 누리면 그만이다. 그렇게 경제적 자유로 가는 재테크를 하는 과정 속에서 당신은 재테크뿐만이 아니라, 자기 경영, 인생설계도 제대로 해나가게 될 것이다. 그것이 바로 참된 인생을 사는 법이 아닐까.

부자가 되고 싶다면 정리하라

부자가 되고 싶다면 가장 먼저 해야 할 일이 무엇일까. 이에 대한 답으로 나는 서슴없이 이야기한다. '정리'를 해야 한다고.

다시 말해 부유하고 윤택한 인생, 경제적으로 여유 있는 인생을 살고 싶다면 무엇보다 정리정돈을 잘해야 한다. 결국 인생은 그가 오랜 시간 행해온 습관의 결과물이기 때문이다. 평소 생활 태도와 생각, 화법이라는 단순한 모든 것이 한 사람의 운명을 결정짓는다.

부자가 되기 위해 필요한 습관은 많다. 투자를 잘하기 위해선 종잣돈은 물론 지식과 인간관계 그리고 용기와 판단력이 있어야 한다. 다만 여기서는 근원적인 부분을 강조하고 싶다. 내가 부동산경매 스터디 첫날에 강의하는 것이 바로 '정리'다. 시간과 인간관계, 공간, 돈이라는 항목을 정리하고 관리하는 법에 대해 설명한다.

유비의 사적인 공간_
정리정돈은 불필요한 지출을 막아준다.

부자들, 성공한 사람들에겐 공통점이 있다. 그중 하나가 정리를 잘한다는 것이다. 늘 온 힘을 다해 시간과 열정을 쏟지만 성과가 잘 나지 않는다면, 나의 주변을 잘 살펴보라. 나의 주변이 얼마나 정돈이 되어 있는지 살펴봐야 할 필요가 있다.

정리에는 놀라운 힘이 있다. 상상 그 이상이다. 일단 깔끔하고 깨끗한 공간은 기분을 좋게 만들어준다. 바쁜 일상을 뒤로한 채 쾌적하고 편안한 안정감을 느끼게 한다. 내가 가진 물건이 무엇인지 한눈에 파악할 수 있도록 정리해두면 1초의 시간이라도 헛되이 낭비할 일이 없다. 정리정돈의 강점은 불필요한 지출까지 자동으로 차단된다는 것이다. 건전지가 닳아서 사 왔더니 서랍에 이미 새것이 잔뜩 있는 상황… 이 자체가 시간 낭비, 돈 낭비, 에너지의 낭비다.

먼지처럼 존재조차 알아차리기 힘든, 사소한 낭비가 쌓이면 결국 태산 같은 낭비를 불러오게 한다.

참 묘하게도 한 사람의 인생을 결정 짓는 것은 사소한 몇 가지의 행동이다. 너무나 보잘것없어서 인식조차 하지 못한 행동이 나의 마인드를 만들고, 업무능력을 만들며 하루를 완성한다. 그 하루가 일주일, 한 달, 1년의 시간으로 켜켜이 쌓이는 것이다.

일이 잘 안 풀리는가? 투자한 만큼 성과가 나지 않는가? 하루에도 몇 번씩 기분이 오락가락하고 우울한가? 단 몇 분의 시간이라도 짬을 내어 당신의 공간을 정리해보라. 어느 곳부터 정리해야 할지 막막하다면, 가장 시간을 많이 보내는 곳을 정리하면 된다. 그것도 막막하다면 자신이 늘 앉는 책상부터 정리해보라. 장담컨대 사소한 정리정돈 하나가 당신의 기분을 바꾸고, 하루를 바꿀 것이며 결국 당신의 인생까지 바꿔 놓을 것이다.

물론 정리정돈의 핵심은 돈 정리다. 더 정확히 말하면 '돈 공간' 정리로, 그 시작은 지갑 정리다. 아무리 재테크 공부를 열심히 하는 사람이라도 지갑 상태가 엉망이라면 부자 되기란 요원한 일이라고 말하겠다.

누구나 깨끗한 공간을 좋아하듯 돈도 마찬가지다. 내게 오려다가도 자신이 머물러야 하는 공간이 지저분하고 엉성하다면 금세 달아나버린다. 일시적으로 돈을 번 자와 꾸준히 자산을 우상향해가는 자의 차이다. 그 작은 마음가짐이 부자가 될 자와 부자가 되지 못할 자를 구분해준다. 또한 돈 공간을 정리하는 것은 지갑을 넘어 카드

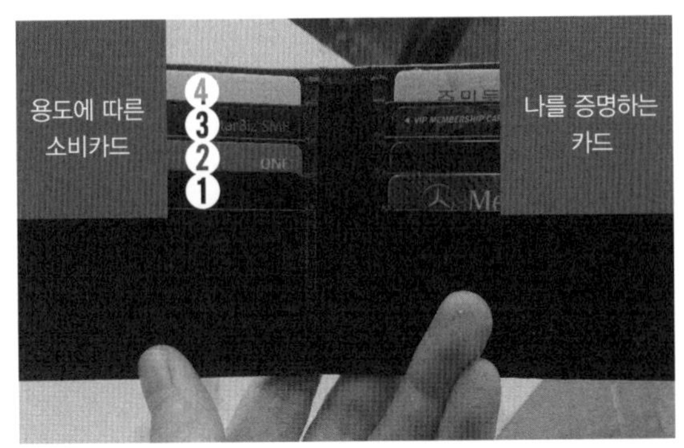

유비의 지갑_
쓰임새에 따라 카드를 배치하고 소비 목적에 따라 분류했다.

정리로 이어진다. 나의 지갑을 예로 들겠다. 위 사진처럼 지갑 오른편에는 나를 증명하는 카드를 모아두었고, 왼편에는 소비할 때 사용하는 카드를 모아두었다. 특히 소비할 때 사용하는 네 가지 카드는 소비의 종류와 목적에 따라 분류해놓았는데, 여기서는 편의를 위해 번호를 매겨 설명하겠다.

① 개인생활용 소비카드
② 인간관계용 소비카드
③ 사업투자용 소비카드
④ 이벤트용 소비카드

개인생활용 소비카드는 말 그대로 의식주에 필요한 모든 것을 소비할 때, 인간관계용 소비카드는 사람을 만날 때 사용한다. 사업투자용 소비카드는 사업투자 용도로, 이벤트용 소비카드는 여행 등

일회성 행사지만 적지 않은 목돈이 나가야 할 때 사용한다. 나는 소비의 종류와 목적을 정리하는 방식으로 돈을 감시하는데, 이는 반대로 돈이 나를 감시하는 것이기도 하다. 여유 있는 소비를 하되, 절대로 방탕하게 살지 말라는 신호인 것이다. 내 돈이 나를, 내가 내 돈을 상호 견제하며 사는 것이다.

부자가 되기 위해 투자지식을 습득하는 일련의 행위들은 사실 모두 부차적인 일일 뿐이다. 부자가 되려면 정리정돈부터 배워야 한다. 첫 시작은 공간 정리와 지갑 정리다. 너무 사소해서 웃음이 나는가? 믿고 한번 해보라. 인생이 바뀌는 놀라운 경험을 하게 될 것이다.

나만의 씨앗 만들기

재테크의 첫 걸음은 뭐니 뭐니 해도 '종잣돈 모으기'일 것이다. 그러나 가진 돈이 하나도 없는 상태에서 조금이라도 투자할 액수를 모은다는 것은, 정말 부자가 되겠다는 간절한 열망과 간절함이 없다면 쉽사리 이겨낼 수 있는 과정이 아니다. 나 역시 그 단계가 가장 힘들었고 외로웠으며 치열했고 처절했다. 하지만 부자가 되기 위해서는 반드시 거쳐야 하는 과정이다. 이를 악물고 시작해야 한다. 종잣돈 모으기를 공식으로 표현하면 다음과 같다.

종잣돈 모으기 = 수입 - 지출

그렇다. 총수입에서 총지출을 뺀 금액이 나의 종잣돈이 되는 셈이다. 수입이 없거나, 수입보다 지출이 많은 상태(수입<지출)에서는 결코 종잣돈을 모을 수 없다. 수입과 지출이 같아도(수입=지출) 불가능하다. 종잣돈이 모이는 단 하나의 공식은 수입이 지출보다 많은 상태(수입>지출)뿐이다.

앞서 한 달 간의 수입과 지출내역을 꼼꼼히 적었다면 다음 질문에 답해보라.

들어오는 돈보다 나가는 돈이 적은가?

자신이 고소득자이든 알바생이든 자영업자이든, 이 질문에는 무조건 "그렇다"라고 답할 수 있어야 한다. 여기서조차 고개를 떨구게 되면 종잣돈은 물론 투자원칙이나 방법, 자산운용, 기타 테크닉은 아무런 소용이 없다. 총수입에서 총지출을 뺐을 때, 단돈 100원이라도 남아야 한다. 월급이 1000만 원이더라도 지출이 1001만 원, 혹은 1000만 원이라면 절대로 경제적 자유를 누릴 수 없다. 계속해서 월급에 종속된 노예로 살아야 하는 것이다.

들어오는 돈은 나가는 돈보다 무조건 많아야 한다. 그래야 축적이 있고 누적이 있으며, 발전이 있고 희망이 있다. 부자가 되고자 한다면 대기업 오너이든, 중소기업을 경영하는 사장이든, 구멍가게 자영업자든, 부자를 꿈꾸는 일반 월급쟁이든 누구에게나 이 원칙은 통용된다.

특히나 소득을 단기간에 큰 폭으로 늘리는 데 한계가 있는 월급쟁이에게는 매우 중요한 이야기다. 이 단순한 원칙조차 실행하지 못한다면 단언컨대 여타 다른 투자서적들을 꺼내볼 필요도 없다. 자신의 수입·지출관리도 제대로 하지 못하는데 더 이상 무슨 말이 필요한가. 매달 나에게 들어오는 돈보다 나가는 돈이 많은데, 그래서 한 달이 지나도 나에게 남는 돈이 없는데, 오히려 마이너스 재정인 상황에서 무슨 투자기법이니 마인드가 필요한가. 이 기본적인 것조차 되지 않는 사람은 더 이상 진도를 나갈 필요조차 없다.

종잣돈이 없다면 애초에 투자 자체를 할 수가 없다. 잎이 나고, 꽃이 피고, 열매가 나려면 씨앗을 뿌려야 하는데, 애초에 뿌릴 씨앗이 없는 사람은 아무것도 할 수가 없다. 그래서 '빈익빈 부익부'라든지 '돈이 돈을 번다'라는 말이 나오는 것이고, 무일푼인 사람은 투자를 시도조차 할 수 없다며 푸념과 넋두리를 내뱉는 것이다.

돈이 돈을 버는 것은 사실이다. 그런데 사실, 문제는 다른 곳에 있다. 이러한 말을 내뱉는 사람들의 마음속에 자리 잡고 있는 아주 못난 심리가 그것이다. 그들은 '애초에 가난하게 태어난 나는 돈이 없으니 투자를 할 수 없고 부자도 될 수 없다'라는, 지극히 단선적이고 이분법적인 사고를 지녔다. 그래서 부자는커녕 삶에 대한 희망까지 꺼트려버린다. 매일같이 가진 자들에 대한 반감과 분노를 표출하면서, 정작 자신은 아무런 행동도 하지 않는다.

부자가 되고 싶은 사람은 절대 그런 마인드를 가져선 안 된다. 처음부터 넉넉한 돈을 가지고, 많은 돈을 가지고 투자하는 사람은 정말 극소수에 불과하다. 사실 애초에 돈이 많은 사람이라면 굳이 투자나 재테크를 하지 않아도 된다. 은행에 목돈을 넣어두고 이자를 받으며 안정적으로 지속하면 그만이다. 하지만 우리 같은 보통 사람들은 다르다. 은행 이자로는 결코 부자가 될 수 없다. 그래서 재테크가 필요한 것이고 공부가 필요한 것이다.

그렇다면 종잣돈의 규모는 대체 어느 정도가 되어야 할까? 최소한 얼마 정도가 있어야 종잣돈이라 할 수 있을까? 100만 원? 1억? 10억? 대체 종잣돈의 규모는 얼마만큼이 적당한 것일까?

결론부터 얘기하자면 액수를 논하는 것은 사실 아무런 의미가 없다. 1000만 원이라는 돈은 누군가에게 굉장히 큰돈일 수도 있고, 또 다른 누군가에게는 한 달 월급에도 못 미치는 금액일 수 있다. 1억 원은 몇 년을 일해도 손에 쥘까 말까 한 돈이기도 하지만, 단기간에 낼 수 있는 투자수익이기도 하다. 돈의 액수는 중요한 게 아니라는 말이다.

많지 않을지언정 자신만의 소중한 씨앗을 마련해나가야 한다. 그래야 실전 투자의 첫 관문을 열 수 있다. 특히 뒤에서 언급할 부동산경매 재테크는 적은 돈으로도 얼마든지 시작할 수 있고 충분한 고수익도 얻을 수 있다. 일단은 첫 관문을 통과하는 것이 우선이다. 세상을 비관할 시간에 단돈 1000원, 2000원이라도 저축을 시작하라. 그것도 지금 당장! 액수의 크기보다 당신의 의지의 크기가 더 중요하다.

움직이지 않으면 변하는 것도 없다. 처음에는 더디더라도 어느 순간의 임계점을 넘으면 자산 증가에는 속도가 붙기 마련이다. 씨앗이 언제나 똑같은 속도로 자라는 것이 아니라는 말이다. 종잣돈이라는 것의 속성은 참 묘하다. 시간이 흐를수록 불어나는 속도는 점점 빨라지고, 증가 폭도 커진다. 나중에는 초창기에 1년 넘게 걸려 모은 액수를 단 며칠 안에 만들기도 한다. 이 모든 결과를 얻기 위해 필요한 것은 조바심 없이 진득하게 기다릴 줄 아는 인내심이다.

또 하나 강조하고 싶은 것은, 종잣돈 모으는 과정에서 절대 돈을 잘게 쪼개지 말라는 것이다. 재테크 전문가라는 사람들이 항상 '통장 쪼개기' '포트폴리오 이론' 등을 들먹이며 자산분배를 강조하는데, 이는 대다수 서민들에게는 전혀 의미 없는 말이다. 이 같은 개념은 사실 충분히 가진 사람들에게나 통용되는 원리이기 때문이다.

자산 규모가 일정 수준을 넘게 되면, 그때는 부의 증가에 초점을 맞추기보다는 그것을 지켜나가는 것에 집중하게 된다. 현재 내가 누리고 있는 삶을 노후에도, 나아가 내 자식세대까지도 이어가야 하기 때문이다. 그러니 당연히 리스크로부터 항상 자산을 방어할 수 있어야 하고, 인플레이션과 같은 물가상승에 대비해서도 적정 수준의 수익을 추구할 수 있어야 한다. 그렇기에 자산을 분배해 관리하는 것이다.

하지만 일반 대중은 이를 오해하고 잘못 받아들여 다달이 적금 10만 원, A펀드 15만 원, B펀드 15만 원, 보험 10만 원 등으로 나눠서 투자를 해놓고 스스로 뿌듯함을 금치 못한다. 단언컨대 그런 식으로 부자가 되는 사람은 없다. 좀 더 정확히 말해 종잣돈을 만들어가는 과정에서는 이런 짓(?)은 전혀 쓸모없다고 할 수 있다. 차라리

5000원짜리 커피 한 잔을 줄이는 것이 더 유익할 것이다.

자신이 생각하기에 지금이 종잣돈을 모아야 하는 시기이고, 아직 내가 갖고 있는 돈이 푼돈 수준에 불과하다면 오히려 한곳에 똘똘 뭉쳐 꽉 쥐고 있어야 한다. 조금이라도 새어나갈 틈을 주지 말고, 느리더라도 조금씩 더욱 단단하게 뭉쳐가야 한다. 주변에서 "이 펀드가 좋대" "그렇게 하면 안 돼"라고 제아무리 떠들더라도 자신의 주관을 갖고 묵묵히 걸어가자. 제대로 돈을 모아보지 못한 이들의 충고에 조금도 동요될 필요 없다. 오히려 그 열정과 간절함을 꾸준히 간직하며 불필요한 지출을 줄이자.

잘나가는 부자들 중 누구 하나 허리띠 졸라매며 치열한 시기를 보내지 않은 이는 없다. (재벌 2세들을 탓하며 투덜댈 생각이라면 이제 그만 이 책을 덮어도 좋다.) 그렇게 한 번 제대로 종잣돈을 모아본 사람은 이후에 사업을 하든, 투자를 하든 절대 그 초심을 잃지 않는다. 그 초심이 그를 멈추지 않고 겸손하게 달리도록 만든다. 다시는 그 처절하고 가난했던 시절로 돌아가고 싶지 않기 때문이다.

당신에게는 아직 두 번의 기회가 있다

특별히 이 글은 부자를 꿈꾸는 대한민국의 20~30대를 위한 것이다. (굳이 20~30대를 지목한 이유는 이 시기에 갖는 경제 관념이 경제적 자유로 가는 시간을 월등히 단축해주기 때문이다.)

최근, 부동산에 관한 인터넷 기사를 하나 보았다. 치솟는 서울 집값으로 인해 20~30대가 좌절한다는 내용이다. 이 기사를 읽고 그들에게 해주고 싶은 말이 있었다. "20~30대는 원래 서울 아파트를 사지 못한다. 그게 정상이다!"라고.

우리나라 젊은 남성의 생애를 간략히 살펴보면, 스무 살에 대학에 입학해 학업과 군대를 마치고, 20대 후반에 사회에 진출하게 된다. 2018년 통계청 조사 결과, 남성의 평균 초혼 연령은 33.15세로 해가 갈수록 연령이 높아지는 추세다. 이를 토대로 계산해보면, 20대 후반 무렵 사회생활을 시작해서 결혼하는 데 걸리는 시간은 5년 정도다. 그럼 5년 동안 번 돈으로 결혼을 준비해야 한다. 그때까지 얼마를 벌 수 있겠는가?

잡코리아 조사 결과에 따르면, 2018년 대기업 신입사원의 평균 연봉이 4060만 원이라고 한다. "신입사원인 내가 그렇게 못 벌고 있는데 무슨 헛소리냐?"라고 반문할 수 있지만, 대기업에 다닌다는 건 대한민국 직장인 상위 5%에 해당하는 수치다. 100명 중 5명이라는 소수의 이야기일 뿐, 당연히 대다수의 직장인은 이에 해당하지 않는다. 대다수가 중소기업의 평균 연봉인 2730만 원 그 언저리에 위치한다.

그럼 이제 답이 나온다. 20대 후반의 나이에 사회에 진출해 결혼하기까지 평균 5년 정도의 시간이 남은, 대한민국의 보통 남성이 번듯한 서울 아파트를 장만하는 것은 원래 불가능한 일이라는 것을.

좀 더 구체적으로 들어가 보자. 연봉 3000만 원이 채 되지 않는 직장인의 월급 실수령액은 200만 원 정도다. 그중 절반인 100만 원 정도를 매월 1년간 저축한다면 1200만 원이 모인다. 같은 금액으로 5년간 저축한다면 6000만 원이 모인다. 즉 30대 초반에 결혼하는 예비 신랑이 5000만 원 정도를 모아두었다면, 그 남성은 꽤 성실하게 결혼준비를 해둔 셈이다. 왜? 지금 대한민국에는 한 달에 100만 원도 저축하지 않는 20~30대가 태반이기 때문이다. 학자금 대출이 있을 수도 있고, 자신에게까지 넘어온 부모의 빚이 있을 수도 있고,

남모를 집안 사정이 있을 수도 있다. 그 경우는 어쩔 수 없다. 하지만 충분히 돈을 모을 수 있는 미혼의 직장인이라면 반드시 한 달에 100만 원씩은 저축해야 한다. 부자가 되기 위해서가 아니다. 그렇게 하지 않으면 부자는커녕, 이 대한민국이라는 땅에서 '평범하게' 사는 것도 만만치 않기 때문이다. 젊다고 해서 정신 못 차리고 월급을 버는 족족 다 써버린다면, 본인의 경제력을 넘어서는 주거비(월세)를 지출하고 살고 있다면, 원룸에 살면서 외제차를 끄는 말도 안 되는 짓을 하고 있다면, 자본주의인 이 세상에서 본인의 인생 궤도를 일정 수준 위로 두기가 힘들어질 것이다. 뒤늦게라도 깨닫고 투자에 뛰어든다면 다행이지만, 아주 처절한 여정이 기다리고 있을 것이다.

내가 생각할 때 (특별한 사정이 없다면) 대부분의 20~30대에겐 돈을 모을 기회가 두 번 있다. 앞으로의 경제적 자유를 좌우할 기회다. 첫 번째 기회는 취업 후 결혼하기 전까지의 싱글 기간이고, 두 번째 기회는 결혼 후 출산과 양육이 시작되기 전까지의 기간이다. 만약 결혼 후 맞벌이가 이어진다면 그 속도는 배가 된다. 이 시기를 놓친다면 이후에는 돈 모으기가 정말 힘들 것이다.

또한 단순히 돈 모으는 것에 그쳐서는 안 된다. 그사이에 한 번 제대로 승부를 봐야 한다. 자본주의를 바라보는 눈을 떠야 한다. 노동과 생산수단의 차이, '돈'과 '부'라는 것의 실체를 직시해야 한다. 이 판을 대하는 본인의 마인드와 자세, 더 나아가서는 이념과 정서까지 갈고닦아야 한다. 특정 사안이 발생했을 때 사회에 요구하거나 투덜대는 태도보다는, 내 인생의 문제는 직접 해결하겠다는 적극성과 자발성, 자유의지가 필수적이다.

당신이 대한민국에서 사는 20~30대라면, 그중에서도 부자를 꿈꾸는 사람이라면, 좌절만을 가져다주는 세태를 접했을 때 단순히 악플 달며 감정만 소비하는 사람이 되지 않기를 바란다. 계속 강조하지만, 원래 서울 아파트는 20~30대 시기의 노동만으로는 장만할 수 없다. 서울 아파트를 장만하지 못했다고 해서 지나치게 좌절하거나 우울해할 것도 없다. 지나치게 정치적으로 접근하지도 않길 바란다.

특별한 누군가의 도움 없이 내 힘과 노력을 통해, 인생의 이른 시기에 어느 정도의 부를 일구고, 경제적 자유를 누리는 단계까지 오며 느낀 것이 하나 있다. 인생에는 방정식이 없다지만, 일정 수준 이상의 부를 일구는 데에는 분명 '길'이 존재하고, 그 효율을 극대화할 방법이 있다는 것이다.

원래 깨닫는 것이 가장 힘든 거라지만, 깨달음을 행동으로 옮길 땐 더 어마어마한 장애물들이 기다리고 있다. 설령 죽을 고비를 넘기며 행동한다 해도 가장 중요한 것이 남아 있다. 바로, 올바른 방향을 선택하고 그에 따른 에너지 소모를 최소화하는 것이다.

한정적인 에너지가 다른 곳으로 빠져나가는 것을 막고, 올바른 방법과 수단으로 투자한다면, 그렇게 3년 정도 아주 집중적으로 몰입한다면 일정 수준의 단계로 올라간다. 그러면 또 다른 길이 열리는 것이 보일 것이다. 당신은 할 수 있다. 절대 포기하지 마라.

자동 저축 시스템을 마련하라

종잣돈을 만드는 데 있어 아주 사소하지만 중요한 발상은 바로 '자동 저축'의 개념이다. 매우 간단하고 별것 아닌 듯 보이지만 효과는 굉장하다. 자신의 의지와는 상관없이 자동으로 돈이 쌓이기 때문에 생각보다 쉽게 모을 수 있을뿐더러, 저축할 때마다 드는 심리적 저항감도 예방할 수 있다.

누군가는 이렇게 말할지도 모르겠다. 하루하루 먹고살기도 빠듯한데 저축할 돈이 어디 있느냐고 말이다. 사실이 그렇다. 팍팍한 삶을 간신히 이어가는 동안, 저축은커녕 빚쟁이 신분에서라도 탈출하고 싶은 사람이 수두룩하다.

하지만 곰곰이 생각해보라. 한 달에 100만 원을 쓰든지, 200만 원을 쓰든지 생활이 팍팍하고 빠듯하기는 마찬가지다. 내가 최소한의 경제적 여유를 갖기 전까지는, 돈에서 완전히 자유로워지기 전까지는 돈에 대한 갈증을 해소할 수 없다. 금액에 차이가 있을 뿐 본질은 다 거기서 거기라는 것이다.

그렇기에 독하게 맘먹고 긴축재정에 돌입해 악착같이 종잣돈을 모으는 것도 하나의 방법이 될 수 있다. 하지만 어지간한 열정과 갈망 없이는 꾸준히 이어가기 힘들다. 이럴 때 효과적으로 활용할 수 있는 것이 '자동 저축' 시스템이다.

월급에서 이것저것 다 쓰고 남은 돈으로 저축하겠다는 것은 애초에 불가능한 꿈이다. 나는 그런 식으로 돈을 모았다는 사람을 본 적이 없다. 시도는 하지만 번번이 좌초되는 모습을 보면 너무도 안타깝다. 그건 그 사람이 게을러서도, 의지가 부족해서도 아니다. 원래 그런 식으로는 절대 목돈을 만들 수 없다.

쓰고 남은 돈을 저축할 생각하지 말고, 월급을 받자마자 일정액을 저축하자. 내 월급은 애초에 그 저축액만큼을 뺀 금액이라 생각하고 그 안에서 생활하는 것이다. 매일 자신이 의지를 갖고 꾸준히 저축할 필요 없이, 내 의지와 상관없이 저절로 월급에서 저축액이 빠져나가도록 하라. 사실 당신이 받는 월급도 이미 자동으로 세금이 빠져나간 후에 입금된 금액이다. 저절로 말이다. 저축에도 이 개념을 도입해야 한다.

자동 저축 시스템을 마련하자. 은행적금 같은 금융상품 대부분은 원하는 날짜에 원하는 금액이 자동이체되도록 쉽게 설정할 수 있다. 처음에는 적은 액수로 시작하고, 익숙해지면 차츰 액수를 늘려가도록 하자. 어차피 월급을 다 쓰나, 아껴서 쓰나 재정이 넉넉하지 못한 것은 마찬가지다. 하지만 이렇게 저축액을 늘리면 내 수중으로 들어오는 돈은 꾸준히 늘어난다. 적게나마 쌓여가는 종잣돈이 자신에게 묘한 뿌듯함을 선사할 것이고, 그 뿌듯함은 종잣돈 모으기에 좀 더 박차를 가하도록 도와주는 선순환을 일으킬 것이다.

저축이 살면서 평생 해야 하는 것이라면, 종잣돈 모으는 과정은 경제적 자유로 가는 여정 중 가장 치열하고 혹독한 초기의 특정기간일 뿐이다. 종잣돈이 모이기 시작하고, 작게나마 투자를 시작해 어느 정도 자산 규모가 커지면 굳이 그렇게 처절하게 아끼며 저축할 필요는 없다. 그저 시작이 어려운 것이고, 습관으로 만들어놓으면 평생 내게 유익이 될 것이다.

나 역시 치열한 종잣돈 모으기의 과정을 거쳤다. 이 글을 쓰고 있는 지금도 그때를 떠올리면 울컥한 감정이 치민다. 나의 경우 다소 어린 나이부터 혹독한 종잣돈 모으기를 시작했고, 단순한 저축과 절약뿐 아니라 재테크와 투자 내공을 쌓기 위해 끊임없이 학습하고 노력했기에 적게나마 지금의 경제적 자유를 누리고 있지 않나 생각한다. 정말 100원 단위까지 악착같이 기록하며 나의 지출을 통제하던 시절이다. 정말 그 시절은 열심히 산 것을 넘어 처절하게 살았다. 가진 건 없어도 자존심은 있어 누구에게든 얻어먹거나 도움받을 생각조차 못했다. 그랬기에 더 많은 시행착오를 겪었는지도 모른다.

그러던 와중에 부동산경매라는 적절한 투자수단을 발견한 것은 내 삶에 정말 큰 행운이었다. 나 역시 부끄럽지 않을 만큼 노력하긴 했지만, 그래도 모든 과정을 내 공으로 돌리고 싶지는 않다. 그보다는 열심히 살고 있던 스무 살 청년에게 하늘이 길을 열어준 게 아닐까 싶다.

여하튼 돌아가라면 절대 돌아가고 싶지 않은 그 시절이지만, 내 20대 청춘을 제대로 불태웠던 아주 소중한 선물이기도 하다. 덕분에 내 또래가 지금 상사에게 온갖 구박을 받으며 사람과 시간과 일에 치이며 사회생활을 해나가고 있을 때, 나는 그 누구에게도 구속받지 않은 채 경제적 자유를 만끽하며 살고 있다. 물론 아직 젊기에 월세만 받으며 하루하루 시간을 흘려보낼 생각은 없지만 말이다.

그렇게 넘게 된 경제적 자유의 문턱, 이젠 그 바통을 당신이 이어받기를 바란다.

부자는 오래 참는다

전 국민이 재테크 도사 수준에 도달한 현시점, '복리'라는 말은 이제 너무도 익숙할 것이다. 누구나 한 번쯤은 들어본 말이고, 지겹도록 들어온 말일 텐데도 이렇게 페이지를 할애해서 굳이 따로 언급하는 이유는, 그만큼 복리라는 개념이 경제적 자유로 가는 재테크에 있어 기본적이면서도 핵심적인 까닭이다. 또한, 아직 복리라는 개념이 생소한 독자가 있다면 이번 기회에 확실히 깨우치길 바란다. 복리란 부자가 되기 위해 매우 중요한 개념이다.

이자와 관련해서 항상 나오는 말이 바로 '단리'와 '복리'다. 그렇다면 과연 단리와 복리는 정확히 어떤 의미이며, 둘 사이에는 어떤 차이점이 있는 것일까.

단리의 사전적 정의는 '원금에 대하여만 붙이는 이자'로, 영어로는 'simple interest'라 표현한다. 말 그대로 단순한, 간단한 이자를 말하는 것이다.

100만 원을 연이율 10%에 3년 동안 단리로 예금했다고 가정해보자.

- 1년 후 이자: 100만 원 × 10% = 10만 원
- 2년 후 이자: 100만 원 × 10% = 10만 원
- 3년 후 이자: 100만 원 × 10% = 10만 원

이렇게 매년 이자를 10만 원씩 3년간 받으면 총 30만 원이 된다. 원금 자체에만 이자가 붙는 것이다. 100만 원의 10%면 10만 원이고, 이를 3년 동안 넣었으니 30만 원이 되는 것이다.

그렇다면 복리는 어떨까? 복리의 사전적 의미는 다음과 같다.

일정한 기간의 기말마다 이자를 원금에 가산하여 그 합계액을 다음 기간의 원금으로 하는 이자 계산 방법에 따라 계산된 이자

조금 복잡한가? 영어로는 'compound interest'라고 하는데, 쉽게 말해 원금에 이자가 붙은 합계액을 새로운 원금으로 여겨 거기에 다시 이자가 붙는다는 뜻이다.

똑같이 100만 원을 연이율 10%의 예금에 넣었을 때, 복리라면 다음과 같은 계산이 나온다.

- **1년 후 이자: 100만 원 × 10% = 10만 원**
- **2년 후 이자: (100만 원 + 10만 원) × 10% = 11만 원**
- **3년 후 이자: (100만 원 + 21만 원) × 10% = 12만 1000원**

이처럼 단리와 복리는 이자가 붙는 방식이 다르다. 단리는 단순히 원금에 이자만 붙지만, 복리는 발생된 이자를 더해서 그 자체를 다시 새로운 원금으로 보는 개념이다.

둘을 비교했을 때 1년 후의 이자는 둘 다 10만 원으로 동일하지만, 2년 후부터는 달라지는 것을 볼 수 있다. 단리일 때는 두 번째 해에도 원금 100만 원에 이자 10만 원이 붙지만, 복리일 경우에는 전년도에 발생한 이자 10만 원을 보탠 110만 원을 두 번째 해의 원금으로 치기 때문이다.

복리는 시간이 흐를수록 그 위력을 발휘한다. 초기에는 미미하지만 세월이 흐를수록 돈이 급격히 불어나게 되는 것이다. 그렇기에 투자한 원금에서 발생된 수익을 소비하는 대신 원금과 합쳐서 재투자하고, 그렇게 발생된 수익을 또다시 원금과 합쳐서 재투자하는 과정을 반복한다면 그 효과는 어마어마하다.

특히나 이 개념을 부동산경매투자에 적용시키면 그 효과는 배가 된다. 뒤에서 설명할 레버리지(leverage) 방식까지 적용해서 설명하면 다음과 같은 상황이 발생한다.

경매를 통해 부동산을 시세보다 싼 값에 구입한다. 구입 금액을 전부 자신의 현금으로 하는 것이 아니라 대출이나 임차인의 보증금을 레버리지로 끌어와 최대한 내 자본의 투자 비중을 낮춘다. 이를 적정가격에 맞춰 시장에 매각해 수익을 얻는다. 그렇게 불어난 투자금을 그대로 뭉쳐 다시 레버리지를 끌어와 싼 값에 낙찰받고 비싸게 매각한다. 또다시 불어난 투자금을 다시 꼭꼭 뭉쳐 더 큰 물건에 투자한다. 이 과정을 계속해서 반복한다.

물론 많은 공부가 선행되어야겠지만 기본만 제대로 갖춰져 있다면 이는 단순히 주식이나 부동산을 사놓고 묻어두는 여타의 투자방식과는 그 수익률이 비교조차 되지 않는다. 그래서 부동산경매투자에 능통해진 이들은 다른 투자수단은 쳐다보지도 않게 되는 것이다.

복리는 종종 눈뭉치를 굴리는 것에 비유되곤 한다. 조그마한 눈뭉치를 눈밭에 굴리면 눈뭉치(원금)에 눈가루(이자)들이 달라붙는다. 더 굴리면 어떻게 될까? 원래의 눈뭉치(원금)에 눈가루(이자)가 붙는 것이 아니라, 처음보다 더 커진 눈뭉치(원금+이자)에 또 다른 눈가루(이자)가 달라붙는 것이다. 이 과정을 반복하면 당신의 눈뭉치는 마술처럼 커진다.

지금 자신의 눈뭉치가 작다고 해서 낙담할 것 없다. 처음부터 커다란 눈뭉치로 시작하는 사람은 극소수다. 대부분의 부자들도 처음에는 작은 눈뭉치를 지니고 있었다. 나 역시 그랬다. 남들에 비해 작은 자신의 눈뭉치를 탓할 것이 아니라, 어떻게 하면 눈뭉치를 제대로 굴려나갈 수 있을지 연구하며 내공을 쌓아야 한다.

10년 동안 10억을 벌었다고 해서 1년에 1억씩 벌었다는 건 아니다. 500만 원, 1500만 원, 3000만 원, 1억, 3억, 5억… 이런 식으로 해가 거듭할수록 불어나게 된다. 초반의 그 더딤을 견뎌낼 수 있어야 한다. 처음에야 이런 식으로 어느 세월에 부자가 되나 싶겠지만, 결국 인내심을 갖고 눈뭉치를 성공적으로 굴린 자가 후에 경제적 자유의 열매를 맛볼 수 있게 되는 것이다. 어느 지점만 넘기면 돈이 불어나는 속도는 굉장히 빨라진다. 이는 수익률이 무한정 늘어난다기보다는 자산의 크기 자체가 커졌기 때문에 거기에 따라붙는 수익이 많은 것이라 설명할 수 있다.

절대 서두르지 말자. 아무리 열정이 강하고 미친 듯이 부지런을 떨어도 숙성되는 데 걸리는 시간이라는 것이 있다. 장기적으로 내다보며 차근차근 한 발씩 내딛자. 경제적 자유는 단 며칠 만에 완성되는 것이 아니다. 하지만 그리 오래 걸리지도 않는다. 한 고비만 넘기면 이후에는 생계 걱정 없이 즐기면서도 투자할 수 있다. 그 과정 속에서 부동산경매라는 수단을 효과적으로 사용한다면, 뒤에서 불어오는 바람을 타고 달리는 느낌이 들 것이다. 경제적 자유를 향해 성큼성큼 뛰어갈 수 있게 되는 것이다.

기왕 쓸 거라면 화끈하게!

아무리 경기가 안 좋다 해도 사람들의 소비 행태에는 크게 변함이 없는 듯하다. 지금도 주말에 명동이나 홍대, 강남역 등 번화가나 백화점에 가보면 사람들이 바글바글하다. 맛있는 음식을 먹고, 영화도 보고, 화장품과 옷도 산다. 바야흐로 '소비왕국'의 시대다.

소비라는 건 인간에게 있어 결코 떼려야 뗄 수 없는 행위다. 먹고 살기 위해서라도, 자신의 욕구해소를 위해서라도 소비는 인간에게 필수불가결의 요소임이 틀림없다. "나는 소비한다, 고로 존재한다"라는 말이 결코 농담이 아닌 시대다.

살면서 어쩔 수 없이 소비를 해야 한다면 조금은 현명하게, 그럴 듯하게 해야 하지만 현대를 살고 있는 대부분의 사람은 너무도 의미 없는 소비를 지속하고 있다. '의미 없는 소비'가 무엇이냐고? 바로 돈을 '티 나게' 쓰지 못한다는 것이다.

데이트를 한다고 가정했을 때 둘이서 영화를 한 편 보면 2만 원, 밥 먹고 술 한잔 마시면 5~6만 원, 커피만 마셔도 2만 원 정도 쓰는 셈이니, 하루 데이트에 거의 10만 원에 가까운 돈이 빠져나가는 것이다. 이런 데이트를 몇 번만 반복해도 한 달이면 몇십만 원이다. 맘먹고 펑펑 쓴 것도 아니고, 평범하고 기본적인 데이트를 했는데도 상당한 액수의 돈을 소비한 것이다.

소득이 다소 적은 아르바이트생이나 신입사원 시절, 소비를 제대로 통제하지 않으면 통장은 금세 바닥을 드러낸다. 사실, 굳이 사회초년생으로 국한지을 것도 없다. 보통 월급쟁이의 통장 잔고란 것이 그렇다. 그렇게 다음 달 월급을 기다리며 버티지만, 다음 달이 되어 월급을 받으면 금세 또 바닥이다. 심지어 월급이 들어오기도 전에 신용카드로 미리 돈을 끌어다 쓰는 일도 잦다. 이런 말도 안 되는 소비 행태를 보이는 사람이 한둘이 아니다. 젊을 때부터 소비를 제대로 통제하는 습관을 들이지 못했기 때문이다.

돈을 한 푼도 쓰지 말자는 것이 아니다. 무작정 안 쓰고 안 입으며 처량하게 살자는 것도 아니다. 수입이 충분치 않을 때일수록 자신의 소비를 철저히 관리할 수 있어야 하며, 이왕 쓰는 돈이라면 최소한으로 최대한의 효과를 거둘 수 있어야 한다.

그 해결책이 바로 돈을 '티 나게' 쓰자는 것이다. 같은 10만 원을 쓰더라도 영화를 보고 밥을 먹고 술을 마시는 데 쓰지 말고, 차라리 근사한 레스토랑에서 분위기 있는 식사를 한 번 하자는 것이다. 번

번이 남기는 콜라나 팝콘, 그리 보고 싶지도 않은 영화보다 제대로 된 뮤지컬을 한 편 보자는 것이다. 사치를 부리라는 뜻이 아니라, '오늘은 내가 돈을 제대로 한 번 썼구나!' 하는 만족을 느끼라는 말이다. 물론 근사한 곳에 자신을 지속적으로 노출시키는 것은 부와 풍요로움에 대한 건강한 열망을 높이는 계기가 되기도 한다.

나 역시 종잣돈을 모으던 시절, 돈이 별로 없었음에도 데이트는 되도록 좋은 곳에서 했다. 몇 번 만나서 쓸 돈을 최대한 아끼고 아껴 일부러 고급 레스토랑에 갔다. 화려한 곳에서 제대로 나에게 대접하고, 일상으로 돌아오면 다시 돈을 아끼고 절약하며 생활했다. 마치 악착같이 돈을 모아온 나 자신에게 선물을 주기라도 하듯. 그렇게 함으로써 부자가 되고자 하는 건강한 욕망을 키움과 동시에 억눌려 있던 돈에 대한 갈증도 해소할 수 있었다.

인간은 누구나 돈에 대한 갈증을 느끼고 산다. 그러나 돈을 펑펑 쓰고 다닌다고 해서 행복감이 유지되는 것은 아니다. 그저 언제나 돈에 얽매여 있기에, 마음껏 돈을 쓸 형편이 되지 않기에 꾸게 되는 꿈일 뿐이다. 비록 지금 충분한 부자가 아니더라도 가끔은 화려하고 근사한 곳에서 티 나는 소비를 해보라. 티가 나지도 않는 곳에 쓸데없이 소비하지 말고, 아끼고 아껴 근사한 소비를 하라는 것이다. 좋은 음식을 먹고 문화생활도 하는 여유를 즐겨보라. 그 순간이 언젠가 경제적 자유를 얻게 될 그날을 꿈꾸며 다시 도약하도록 돕는 원동력이 되어줄 것이다.

스포츠카의 아찔한 유혹

처절하게 돈을 아끼고 모으고 투자하던 시절, 특별히 물질적인 소비와 관련해 나를 유혹하던 것은 없었다. 먹을 것도 최소한으로 줄일 수 있었고, 입을 것에도 큰 욕심이 나지 않았다. 아마 그런 것들보다는 경제적 자유가 내게 더 큰 가치였기 때문이었으리라.

그런데 그런 나를 유난히도 괴롭히던 요물(?)이 있었으니, 바로 자동차였다. 어린 시절부터 멋진 차를 타고 싶다는 것은 매우 유치하면서도 아주 강력한 원동력이었다.

철없게 들릴지 모르지만, (실제로 나이가 어렸으니, 진짜로 철이 없었다고 해도 무방할 듯하다.) 어린 마음에 나만의 멋진 애마가 너무나 갖고 싶었다. 멋진 스포츠카를 타고 시원하게 도로 위를 달리며 자유를 만끽하고 싶었더랬다. 컴퓨터 배경화면은 언제나 멋진 스포츠카로 도

배되어 있었다. 언젠가는 영화나 텔레비전에서나 볼 수 있는 저런 근사한 차를 직접 끌고 다니겠노라는 다짐을 수차례나 했다.

사실 그저 차를 사는 것이 목적이었다면 훨씬 더 일찍 목적을 달성할 수 있었다. 부동산에 투자할 돈으로 자동차를 구입하면 되는 거니까. 하지만 충동이 일어날 때마다 나는 입술을 꽉 깨물었다.

'이게 어떻게 모은 돈인데, 어떻게 불려온 돈인데!'

지금 내가 자동차 살 돈으로 부동산에 투자한다면, 훗날 더 크게 돌아올 것을 잘 알고 있었기에 당장의 충동에 속아 섣불리 행동하지 않기로 했다.

차는 구입하는 순간 큰 부채가 된다. 보통 전액 현금지불보다는 할부로 차를 구입하기 마련인데, 그렇기에 구입하는 순간 다달이 돈 빼먹는 기계가 된다. 할부금은 물론 세금, 보험료, 주유비 등 각종 유지비가 산더미처럼 따라붙기 때문이다.

특히나 초보투자자 시절은 한창 종잣돈을 모으고 찬찬히 그 크기를 불려서 여러 곳에 투자를 해보며 감각을 익혀야 할 때다. 그런데 열심히 모아온 돈을 어이없이 차에 투자해버린다면, 재테크는 이미 물 건너갔다고 봐야 한다. 개중에는 종잣돈은커녕 자동차 할부금을 갚는 데 매달 월급을 몽땅 쏟아붓는 용감한(?) 이들도 존재한다. 안타깝지만 그들은 아마 평생 빚의 덫에서 빠져나오지 못하게 될 것이다.

모든 것에는 다 때가 있는 법이고. 원하는 모든 것을 다 얻을 수는 없는 법이다. 이제 갓 종잣돈을 모아가는 시점에 차에 그 모든 돈을 투자하여 이후의 삶을 평생 빚에 짓눌려 살 것인지, 모은 종잣돈을 자산에 투자해 자본이득과 현금흐름을 창출함으로써 경제적으로 넉넉한 삶을 살 것인지는 전적으로 당신에게 달렸다.

남들보다 상당히 이른 시기에 시작했기에, 그동안 독하게 공부하며 투자해왔기에 나는 그나마 원하는 시기에 원하는 차를 몰며 살 수 있게 되었다. 하지만 그동안 내게도 언제나 아찔한 스포츠카의 유혹이 존재했다. 지금쯤이면 사도 되지 않을까, 이젠 때가 되지 않았을까 싶다가도 아직은 아니라며 나 자신을 채찍질해왔다. 그만큼 내겐 귀한 돈이었기 때문이다.

다시금 강조한다. 젊은 날 무턱대고 빚으로 구입한 차가 인생의 평생 짐이 될 수 있음을 기억하라. 가장 치명적인 것은 자동차 구입으로 인해 돈을 잃는 게 아니라, 자산이 불어날 '시간'을 잃는다는 것이다. 투자의 핵심은 최대한 많은 시간을 확보하는 것이다.

투자란 결국 시간이 많은 자가 이기는 싸움이다. 내 자산을 불리는 시간은 물론 투자한 물건을 분석하고, 자산이 어떤 흐름으로 운용되는지 감을 키울 수 있는 시간이 많을수록 유리한 곳이 투자시장이다.

차는 나중에 사도 절대로 늦지 않는다는 점을 기억하자. 그리고 하루라도 빨리 적게나마 종잣돈을 모아 투자를 시작하자. 그러면 훗날 당신은 지금 염두에 두고 있는 것과는 '급'이 다른 차를 몰 수 있게 될 것이다.

전세는 가난으로 가는 지름길

우리나라 사람들은 전세를 선호하는 경향이 있다. 전세라는 것은 오직 우리나라에만 존재하는 아주 독특한 제도인데, 우리의 부모 세대는 이를 아주 유용하게 활용해왔다. 그동안의 대한민국 부동산 시장의 역사는 아파트의 역사와 흐름이 같다고 할 수 있을 정도인데, 전세 끼고 집 사서 몇 년 뒤 시세차익 거두고 파는 것이 전형적인 부동산투자 성공스토리였다. 자고 일어나면 오르는 집값에 버블세븐이니 강남 복부인이니 하는 말들이 생겨났고, 많은 사람이 실제로 아파트로 돈을 벌었다. 수많은 사람이 그 흐름에 편승하기 위해 부동산으로 뛰어들곤 했으며, 집 없는 사람과 집 있는 사람의 격차는 크게 벌어지곤 했다.

전세제도가 꼭 집 가진 사람들에게만 유용했던 건 아니다. 집 없는 사람들 역시 가진 돈에 비해 상대적으로 쾌적하고 넓은 아파트에서 살 수 있고, 다달이 월세를 내야 하는 부담에서 벗어날 수 있었다. 집을 사기엔 돈이 조금 모자라고, 다달이 월세를 내기엔 돈이 아까울 때 전세는 무척 유용한 대안이었다. 실제로 외국 사람들은 우리나라에만 있는 이 독특한 제도를 보고, 대한민국 집주인들은 모두 자선사업가냐고 묻기도 했단다. 아무런 렌트비(월세)도 없이, 전세금에서 까는(?) 돈도 없이 계약기간이 끝나면 돈을 그대로 돌려주니 말이다.

그런데 간과하지 말아야 하는 사실이 있다. 물가상승률, 그리고 전세금을 활용해 부자가 될 수 있는 기회의 상실이 바로 그것이다.

이 땅을 살아가는 많은 사람들이 전세가 여러모로 낫다는 생각을 갖고 있는데, 이는 하나는 알고 둘은 모르는 매우 어리석은 생각이다. 그 사람의 판단 자체가 잘못되었다는 건 아니다. 부자가 되겠다는, 경제적 자유를 얻겠다는 입장에서 봤을 때 이는 그와는 정반대로 가는 길이기 때문이다.

전세금이라는 것은 결코 적은 돈이 아니다. 아니, 상당히 많은 돈이다. 10억을 지닌 자산가가 1억짜리 전셋집에 들어가는 경우는 거의 없을 것이다. 대부분 전세금은 어떻게든 자신이 동원할 수 있는 돈들을 최대한 긁어모아 꾸역꾸역 만든 돈이다. 즉, 액수와 상관없이 자신의 전 재산이라 할 수 있는 돈이란 말이다.

자신의 전 재산을 전세금으로 깔고 앉아 있다. 수중에 돈이 없으니 재테크로 불려갈 금액도 미미한 수준일 터. 2년이 지나면 전세금은 오르기 마련이고, 그동안 모아둔 돈과 빌린 돈으로 오른 전세금을 충당한다. 이것이 바로 집 없는 사람들의 전형적인 패턴이다. 그렇게 반복되며 세월은 또 흐른다. 월세처럼 매달 빠져나가는 돈이 없으니 자신들은 그보다 낫다고 생각할 수 있지만 이러한 패턴으로는 절대 부자가 될 수 없다.

현재 1억짜리 전세를 살고 있다고 가정하자. 2년 뒤의 1억은 현재의 1억과 가치가 다르다. 물가는 끊임없이 상승하기 때문이다. 2년 후에 물가가 5% 올랐다면, 1억은 9500만 원이 되는 것이다. 가만히 앉아 돈을 까먹은 셈이다.

그런데 문제는 전세금이 1억 5000만 원으로 오를 경우 인상된 전세금을 구하기 위해 그동안 모은 돈을 추가로 고스란히 집주인한테 갖다 바쳐야 한다는 것이다. 그나마 저축을 꾸준히 했을 때의 얘기지, 우리나라 국민의 평균 저축률을 봤을 때 다음 계약 때는 내쫓길 확률이 상당히 높다. 결국 훨씬 좁은 집이나 주거환경이 안 좋은 곳으로 이동하는 수밖에 없다. 실제로 서울의 전세 가격상승을 감당하지 못해 수도권 외곽으로 떠나는 이들이 셀 수 없이 많다.

금융권으로부터 대출받아 전세금을 마련했다면 이자로 나가는 돈도 적지 않을 것이다. 어떻게든 꾸역꾸역 돈을 마련해 작은 전셋집을 구하고, 2년 뒤엔 그동안 모은 돈을 다시 집주인에게 갖다 바치고, 그걸로도 모자라 또다시 대출을 받거나 2년마다 이사를 다녀야 하는 삶. 이것이 바로 집 없는 자의 설움이고 이 땅에 살고 있는 서민들의 주거 현실이다. 이 현실이 너무도 서럽고 힘들기에 온 국민이 대한민국 부동산 정책과 아파트 가격에 그렇게도 신경을 곤두세우고 있는 것인지도 모른다.

갓 결혼한 신혼부부 중에 유독 이런 경우가 많을 것이다. 내 집 마련하기에는 금액이 부족하고, 다달이 빠져나가는 월세는 낭비라 생각해 전세를 신혼집으로 구하는 것이다. 지인들의 시선도 있으니 무리해서 30평 정도의 전셋집을 구한다. 형편에 비해 넓은 집이니 그에 걸맞은 가구와 인테리어에도 돈이 추가로 들어간다. 그러나 이는 철저히 집주인만을 위한 행위이고, 한번 그런 식의 패턴을 밟는 순간 평생 악순환의 고리에 빠지게 된다.

30평대 전셋집에 들어갈 돈으로 20평대 내 집을 사야 한다. 아니면 차라리 당장은 월세로 들어가고 현금을 최대한 확보해 그 돈으로 투자를 해야 한다. 지금은 비록 월세에 살더라도 그 이상의 월세를 받는 위치로 하루빨리 상승해야 한다.

돈은 묵혀놓는 순간 생명을 다하게 된다. 어떻게든 계속 굴려주지 않으면 안 된다. 혈액이 순환되지 않으면 사람이 살 수 없듯, 돈 또한 계속해서 순환하지 않으면 돈으로서의 생명을 다하는 것이다. 돈을 계속 굴리는 것, 그것이 바로 재테크다. 올바르게 굴려준다면 그것이 바로 훌륭한 재테크이고, 경제적 자유로 가는 재테크다. 가진 전 재산을 전세금으로 깔고 있다면 절대 부자가 될 수 없다. 전 재산을 자신의 집 한 채에 투자하는 것도 내 입장에서는 썩 좋은 방법이 아니라는 생각이 드는데, 전세금으로 묵히고 있다니 정말 답이 없는 노릇이다.

독자 중에는 이제 결혼을 준비하거나 부모님으로부터 독립하려는 사람도 많으리라 생각한다. 당장의 집 크기에 연연해하지 말고, 세월이 흐를수록 풍족해지는 삶을 꿈꾸길 바란다. 집주인 눈치 보면서 아쉬운 소리 하는 것은 젊을 때면 족하지 않겠는가.

어떻게든 최대한 레버리지를 활용해 조그맣더라도 내 이름으로 된 부동산을 만들어야 한다. 이것이 가장 현실적이며 성공적인 대안이다. 지금은 월세를 살더라도, 월세가 나오는 부동산을 마련함으로써 경제적 자유인으로 도약할 가능성을 만들어야 한다. 이는 그 액수를 떠나 큰 의미가 있는 일이다. 빠르면 빠를수록, 젊으면 젊을수록 좋다.

일하지 않고도 다달이 돈이 들어오는 시스템을 만들었을 때, 나는 비로소 자본주의의 현실을 명확히 직시할 수 있었다. 돈에는 나이가 없었다. 집주인과 세입자라는 위치에서 오는 거리감은 무척 컸다. 중개업소에서의 차별대우는 명확했고, 세입자는 내게 아주 상냥하게 굴었다. 처음으로 월세를 받던 그때 나는 고작 21세였다. 핏덩이가 단지 집주인이라는 이유로 "사장님, 사장님" 소리를 들으며 과분한 대접을 받은 것이다. 불편하고 씁쓸한 진실, 현실이었다.

그러니, 전세의 덫에서 하루속히 빠져나와야 한다. 회사에 얽매여 평생 월급의 노예로 살듯, 전세금 갖다 바치며 이곳저곳 유랑민처럼 떠도는 삶도 끝없는 악순환일 뿐이다.

사람들은 당신보다 똑똑하다

이쯤에서 투자와 재테크에 대해 진지하게 생각해보도록 하자. 부자가 되는 방법이 한 가지일리는 없으나, 대부분 사람들은 그 돌파구로 '투자'를 선택하곤 한다.

참으로 이상한 것이, 어떤 가수는 한 번 무대에 올라 수천만 원을 받아가고, 어떤 여배우는 말도 안 되는 애교로 단기간에 수억 원의 돈을 통장에 채우고, 어떤 운동선수는 몇 골 넣었다고 수십억 원을 받아 가는데, 대부분의 서민들은 그런 식으로 돈을 벌 생각은 하지 않는다.

그런데 누군가 주식투자로, 부동산투자로 돈을 벌었다는 소식이 들리면 너도나도 그 길로 뛰어들려고 한다. 여기서 큰 모순이 생기는 것이다. 나는 저렇게 무대에서 노래를 부를 수도 없고, 경기장에서 멋진 골을 넣을 수 없는 줄은 알면서, 투자시장에서는 어떻게 한 번 해볼 수 있지 않을까 하는 욕심을 부리게 된다.

그런데 사실, 주식으로 성공하는 것은 본질적으로 연예인으로 성공하는 것만큼 어렵다. 투자시장은 결코 만만한 곳이 아니다. 당신이 이 책 한 권을 읽었다고 해서 이튿날 바로 부자가 될 수 있다고 생각한다면 세상을 너무 우습게 보는 것이다.

지금 이 순간부터 당신은 정신을 똑바로 차려야 한다! 부자가 되고 싶다면 투자에 대해 열심히 공부하고 부지런히 움직여야 한다. 그리고 당장은 별 볼 일 없다고 생각하는 자신의 밥벌이 수단에도 더 악착같이 매달려야 한다.

가끔씩 전업투자에 대해 묻는 이들이 있다. 투자를 전업으로 한다? 당신이 이미 충분히 가진 사람이라면 전업투자 안에서도 다양한 변형을 줄 수는 있겠으나, 그런 질문을 한다는 자체가 투자의 본질을 꿰뚫지 못한 것이다.

보통 사람은 일정 수준에 이르기 전에는 절대 투자를 전업으로 해서는 안 된다. 앞서도 계속 언급했듯이 투자란 시간을 먹고 자라는 것이고 세상에는 변화의 흐름이 있다. 그러한 것들을 다 무시하고 충분한 수준에 미치지도 못했는데 투자를 전업으로 한다면 승산이 없다. 시장에서 백전백패할 것이 뻔하다. 혹시나 누군가 무조건적으로 전업투자를 권유한다면 그는 사기꾼이거나 투자의 메커니즘에 대해 전혀 알지 못하는 사람이다.

대체 어떻게 해야 이 투자시장에서 승리할 수 있을까. 우선 명심

할 것이 있다. 세상 사람들이 매우 똑똑하다는 사실이다. 학력의 높고 낮음을 떠나, 배움의 깊이를 떠나 세상을 사는 인간 군상들은 모두다 똑똑하다.

직장인은 어떻게 하면 월급보다 적게 일하며 농땡이 칠 수 있을지 누구보다 잘 알고 있으며, 아르바이트생은 언제쯤 그만둔다고 말해야 할지, 언제쯤 잠수를 타야 내가 편하게 도망칠 수 있는지 그 타이밍 잡는 능력이 기가 막히다. 노숙인은 조금이라도 더 불쌍하게 보여 100원이라도 더 얻을 방법을 연구한다. 폐지를 줍는 할머니조차 어느 시간대에 어느 동선으로 움직여야 조금이라도 더 경쟁자보다 많이 수집할 수 있는지를 파악하고 있다. 배우고 못 배우고의 문제가 아니다. 먹고살기 위해 자연히 터득하게 되는 것이다.

세상 사람들은 대부분 당신보다 똑똑하며, 당신이 지금 무시하고 있는 '그 사람' 또한 당신만큼은 똑똑하다는 사실을 기억하길 바란다.

그런데 이토록 똑똑한 사람들이 부자가 되지 못하게 방해하는 치명적인 약점이 있으니, 자신의 욕망을 제대로 다루지 못한다는 것이다. 건강을 위해서라도 술과 담배를 끊어야 함을 잘 알고 있으면서, 조금 더 일찍 일어나 부지런히 살아야 함을 깨닫고 있으면서도 실천으로 옮기지 못하는 것이 인간이다. 매년 똑같은 작심을 하면서도 삼일을 넘기지 못하는 것이 인간이란 말이다. 당신은 정녕 다이어트 방법을 몰라서 다이어트에 실패한다고 생각하는가. 당신은 정녕 부자가 되는 방법을 몰라서 그토록 비법을 찾아 헤매는 것인가.

투자시장에서 승리하는 법? 어렵게 말하지 않겠다. 당연히 많은 지식과 인맥도 중요하다. 하지만 본질은 하나다. 당신이 알고 있지만 실천하지 못하고 있는 '그것'을 행하라. 지금 당장!

다이어트에 성공하고 싶다면 유행처럼 떠도는 수많은 비법을 찾을 것이 아니라, 소문난 트레이너를 찾을 것이 아니라, 오늘부터라도 식사량을 줄이고 매일 공원을 뛰어야 한다. 부자가 되고 싶다면 투자 비법에 집착하고 좋은 강의를 쫓아다니기 이전에, 내가 버는 돈보다 적게 쓰고, 절약하며, 꾸준히 저축하는 것이 먼저다.

유익하지도, 행복하지도 않은 소비를 위해 카드를 직직 긁고 다니면서 부자가 되길 바라는가? 세상을 만만하게 보지 말 것. 투자시장에서 승리하길 진심으로 원한다면, 부자가 되길 진심으로 바란다면 당신이 알고 있는 당연한 상식부터 행하라. 그 후에 본격적으로 공부하며 투자시장에 발을 담가라. 그것이 투자시장에서 승리할 수 있는, 부자가 될 수 있는 진짜 비법이다.

모든 것은 변하기 마련이다

이따금 예전 사진을 한 번씩 꺼내볼 때가 있다. 그럴 때마다 나이가 들며 변해버린 지금의 내 모습이 놀라울 정도로 낯설게 느껴진다. 사실 예전 사진과 굳이 비교해보지 않더라도 시간이 흐르고 있는 지금 이 순간, 나는 미세하게나마 계속해서 변하는 중일 것이다.

모든 만물에는 흐름, 시기, 주기, 때라는 것이 있다. 인생이란 노력하면 술술 풀릴 것만 같지만, 사실 변화라는 우주의 질서 앞에 인간은 한없이 작고 무력한 존재다. 세상에 변하지 않는 것은 없다. 금리도 마찬가지다. 지금 이 시간에도 계속해서 변하고 있다.

금리란 투자자에게 굉장히 중요한 지표다. 모름지기 돈이란 계속해서 굴려줘야 하는데, 돈이라는 녀석 뒤에는 언제나 인플레이션(물가상승)이라는 놈이 집요하게 따라붙기 때문이다. 단돈 100만 원

〈그림 1〉

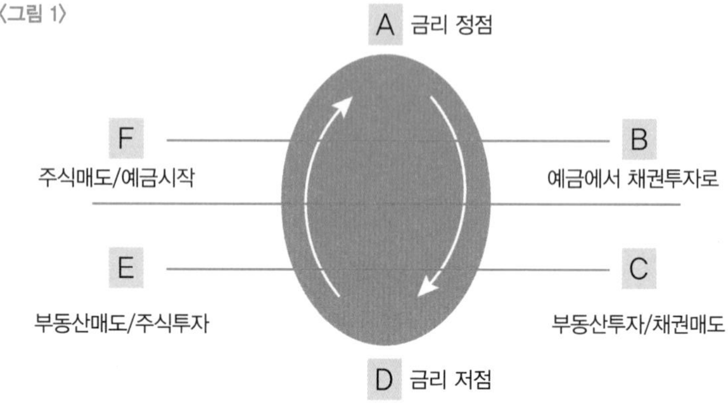

이라도 돈을 갖고 있다면 어떻게든 굴려야 한다. 불리기 위한 목적도 있겠지만 그보다 더 근본적인 이유는 인플레이션에게 따라잡히지 않기 위함이다. 따라잡히는 순간, 100만 원의 가치는 줄어들고 만다. 멈춰 있으면 돈의 가치가 떨어진다는 뜻이다. 그래서 돈은 쉬지 않고 굴러야 하는 것이다.

물론 잘못 굴리는 바람에 가만히 놔둔 것보다 가치를 더 떨어지게 하는 경우도 발생할 수 있다. 하지만 당신의 내공이 쌓여갈수록 녀석을 기하급수적으로 불려갈 수 있다. 그렇기에 끊임없는 연구와 공부가 필요한 것이다.

〈그림 1〉은 잘 알려진 앙드레 코스톨라니의 '달걀 모델'이다. 이 달걀 모델이 말하고자 하는 핵심을 한마디로 요약하자면, 돈은 금리 흐름에 따라 조금이라도 더 나은 이익을 얻을 수 있는 곳으로 흘러간다는 것이다.

금리가 정점을 이루어(A단계) 이제 서서히 인하를 고려하게 될 때, 투자자들은 예금이라는 안전한 투자처를 떠나려고 한다. 수익률이 떨어지는데 굳이 머물 필요가 없다고 생각하는 것이다. 금리가 인하되어 B단계에 이르면 그나마 안전한 채권 쪽으로 돈이 이동하게 된다.

물론 이는 큰 흐름일 뿐 정형화되어 있는 것은 아니다. 모든 투자자가 꼭 이러한 패턴만을 따른다는 공식도, 경제가 꼭 이런 식으로 흘러간다는 보장도 없다. 하지만 명심해야 할 것은 투자고수들이 언제나 지키는 원칙은 '안정성'이라는 것이다. 수익률에만 지나치게 몰두하느라 다른 것들을 보지 못하고 있다면 자신이 하수임을 드러내는 꼴이다.

사람들이 크게 오해하고 있는 것 중 하나가 주식공부를 많이 할수록 수익률을 올릴 수 있다고 생각하는 것이다. 하지만 모든 것에는 주기와 때가 있다. 이를 무시한 채 내가 노력만 하면 큰 수익을 얻을 수 있다고 생각하는 것은 굉장히 위험한 발상이다.

달걀 모델을 계속 보도록 하자. 금리가 계속적으로 하락하는 C단계에 이르면 부자나 투자고수들은 또다시 고민을 시작한다. 채권수익률도 크게 메리트는 안 보이고, 예금에 넣어두자니 역시나 수익률이 마뜩하지 않다.

이때 이들의 눈에 경기침체로 인해 시중에 나온 많은 부동산이 포착된다. 일반 서민들은 죽을 맞이지만 부자와 투자고수들에게는 사냥을 시작할 절호의 기회다. 시간이 흐른 뒤의 이야기인 시세차익은 미뤄두더라도 그들은 충분히 싼 값에 매입했고, 충분한 임대 수익이 발생하고 있기에 서두르지 않는다. 서브프라임 모기지로 인한 지난 금융위기 때를 떠올리면 이해될 것이다. 그렇게 D단계를 지나게 된다.

이후 바닥을 찍은 금리는 서서히 상승한다. 사실 금리가 오르면 단기적으로는 주가에 좋지 않다. 하지만 금융당국이 금리를 올렸다는 건 그만큼 경기상승에 대한 확신이 있다는 뜻이다.

결국 E단계를 지나면서 주식시장이 매력을 되찾고 조금씩 활기를 띤다. 조금이라도 확실한 흐름이 보이면 시중의 유동성이 쏠리고 그 이후에는 아줌마 부대, 인터넷에서 악플을 다느라 분주했던 비관론자들을 포함한 사람이 개미떼처럼 몰려온다. 이미 때는 늦었지만 말이다.

F단계를 지나는 동안 부동산 장세는 상승을 보이기도, 하락하기도 한다. 그것을 정확히 예측할 수 있는 사람은 없다. 우연히 맞춘 자는 많은 추종자 사이에 둘러싸여 바쁜 하루하루를 보내게 될 것이며, 반대의 길을 걷게 된 누군가는 조용히 시장에서 사라질 것이다.

이런 식으로 다시 A단계에 이르게 되어 경기는 순환한다. 그것이 세상의 이치다. 2008년 금융위기의 오랜 침체를 지나 2010년이 되었을 때, 당시 금리가 오랜 기간 정체되어 있다가 꿈틀대기 시작하자 시중의 많은 전문가가 조언을 쏟아내기 시작했다. 그때 나온 기사들의 제목을 보면 대강 느낌이 올 것이다(223페이지 참조).

당시 전문가들이 할 수 있는 조언도 고작 이 정도였다. 틀린 말

- PB추천 하반기 재테크 상품 "단기 정기예금"
- "연말 특판 예금 겨냥, 그때까진 단기 예금 유리"
- "주택대출은 장기면 고정금리, 단기면 변동금리도 고려"
- "주식시장 장기전망 괜찮아, ELD, ELS도 추천"

을 할 수는 없으니 말이다. 하지만 부자를 꿈꾸는 우리는 전문가의 조언 그 이상을 읽어낼 수 있어야 한다. 기사에 나오는 팩트 자체를 넘어 일반 대중이, 개미투자자들이 이 기사들을 보면서 어떤 생각을 할 것인지까지 말이다. 보기 싫겠지만 기사 아래에 달리는 악플들을 살펴볼 필요가 있다. 대중이 어떤 생각을 가지고 있는지, 어떻게 움직일 것인지, 그렇다면 나는 또 어떻게 그에 대응하여 움직일 것인지를 판단해야 하기 때문이다.

이 훈련은 부동산경매투자를 할 때에도 굉장히 큰 도움이 된다. 상대방의 수를 읽는 연습이 되기 때문이다. 열 길 물속은 알아도 한 길 사람 속은 모른다고 하지만 오히려 사람이기에 예측하기 더 쉬울 수도 있다. 모든 인간은 자신의 이익을 위해 움직인다는 사실을 잊지 않는다면 말이다.

명심하자. 모든 투자대상은 결국 똑같다. 아니, 모든 만물은 결국은 똑같다. 주기, 흐름, 변화, 때, 순환이라는 우주 대법칙의 영향 아래서 벗어날 수가 없다. 위기 때는 세상이 곧 무너질 것처럼 폭락하고, 활황기 때는 이 축제가 영원히 지속될 것 같지만 모든 것에는 끝이 있는 법이고, 역사는 언제나 되풀이된다.

이 세상의 질서를 잊지 않길, 변화를 이해하고 읽어가길 바란다. 그렇기에 현재의 처지로 낙관할 것도, 들뜰 것도 없다. 잘나갈 때가 있는가 하면 한 치 앞조차 보이지 않을 때가 있다. 모든 것은 언제나 변하기 때문이다. 이를 기억하며 투자에 임한다면 절대 실패하지 않을 것이다.

재테크, 하루라도 젊을 때 시작하라

부자가 되는 데 있어 가장 중요한 것은 타이밍, 모름지기 일찍 시작해야 한다는 것이다. 가끔 드는 생각이지만, 20대 초반에 투자시장에 발을 담근 것은 굉장히 아찔한 경험이면서도 내 인생에서 최고로 잘한 결정 중 하나인 것 같다. 상상해보라. 나이 50이 넘어 평생 회사에 몸 바쳐 받은 퇴직금을 어디에 투자해야 할지 몰라 헤매고 있을 막막한 모습을.

나는 이 책의 주요 독자를 20~30대의 젊은 층으로 예상하고 있지만, 실제 어느 연령대의 분들이 읽고 계실지는 정확히 알 수 없다. 누군가는 예전의 나처럼 이제 갓 성인이 되어 커다란 꿈과 희망, 무한한 가능성을 품고 있을 수도 있고, 이미 은퇴를 한 뒤 퇴직금으로 재테크나 한번 해볼까 하시는 분도 있을 것이다. 그러나 누구에게나 동일한 것이 있다면, 이 책을 읽고 있는 지금 이 순간이 당신의 인생에서 가장 젊은 순간이라는 점이다.

시간은 계속해서 흐른다. 가는 세월을 어떻게든 붙잡아 조금이라도 젊은 시절을 더 누리고 싶지만 시간은 나를 기다려주지 않는다. 나의 의지와 상관없이 오늘 하루가 지나고, 나는 그렇게 조금씩 나이를 먹어간다.

그러니 지금 당장 시작해야 한다. 물론 아무런 지식도, 내공도 갖추지 못했는데 섣불리 투자시장에 뛰어들라는 것은 아니다. 오히려 아직 내가 투자해야 할 뚜렷한 길이 보이지 않는다면 절대 서둘러서는 안 된다. 조급해해서도 안 된다. 투자는 의지만으로 되는 것이 아니기 때문이다. 지금 당장 실전 투자가 어려울지언정 책이라도 펴들고 재테크 공부를 시작해야 한다. 지금 당장 말이다.

투자는 시간을 먹고 자란다. 시간이 수익에 미치는 영향은 절대적이다. 투자시장에서 가장 강력한 것은 커다란 자본이 아니라, 적더라도 '향후 몇 년 간은 전혀 없어도 되는 돈'이다. 주식이건, 부동산이건, 채권이건, 부동산경매건, 투자시장에서 가장 힘이 센 돈은 '시간이 많은 돈'이다. 같은 1000만 원이라도 20세와 30세, 50세의 1000만 원은 가치의 차원이 다른 돈이다. 투자시장에서는 다음 달에 당장 써야 할 5000만 원의 돈보다 평생 필요 없는 500만 원의 돈이 더 강력한 힘을 발휘한다.

부는 시간에 의해 만들어지는 것이다. 한번 잃어버린 시간은 결코 회복될 수 없으며 비록 금액이 적더라도 시간의 힘이 보태졌을 때 그 위력은 굉장히 크다는 것을 명심해야 한다. 시간이 많으면 많을수록 그 돈은 굉장한 힘을 가지게 된다. 그렇기에 당신의 인생에서 가장 젊은 날인 오늘 당장 시작해야 한다. 종잣돈이 없다면 하루라도 빨리 저축을 시작하고, 가진 지식이 없다면 하루라도 빨리 책을 펴들어야 한다.

투자시장에서 가장 중요하지만 대부분이 잊고 있는 '시간의 바람'을 등에 업고 달리길 바란다. 머지않아 당신은 그 위력을 몸소 체험할 수 있을 것이다. 지금 경제적 자유의 길을 걷고 있는 부자들은 이 힘의 본질을 확실히 깨우치고 있는 사람들이다.

Part 5

경제적 자유를 위한 부동산투자 로드맵

Money Plan

돈은 행동하는

소수에게 찾아온다.

바구니에 담을 계란이나 준비해라

오랫동안 내려오는 투자격언 중에 초등학생도 알 만한 원칙이 하나 있다.

계란을 한 바구니에 담지 마라.

위험관리를 위해 자산을 여러 곳에 분배하라는 뜻이다. 백 번 옳은 말이다. 당연한 말이다. 하지만 아직 부자가 아닌 당신은 이 말을 잠시 잊어도 좋다. 틀린 말은 아니지만 당신에게 적합한 말도 아니다.

부자가 되기를 꿈꾸던 시절, 이 말은 나를 무척 불편하게 했다.

'그래, 분산투자 좋지. 그런데 분산할 돈이 없는 걸…. 일단 자산

이 없는데 뭘 어떻게 분산하라는 말인가?'

재테크에 막 관심이 생겨 굉장한 열정을 쏟는 사회초년생들을 볼 때 정말 안타까운 부분이 있다. 예를 들면 이런 것이다. 주식형 펀드에 20%, 채권형 펀드에 20%, 해외펀드에 20%, 예·적금에 20%, 변액보험에 10%, 청약저축에 10%씩 포트폴리오를 만들어 마치 굉장히 재테크를 잘하고 있는 듯 착각하는 사람이 너무도 많다. 대부분의 재무설계사나 재테크 전문가들도 이러한 방식을 추천하고 있으니, 그들을 탓할 수는 없는 일이다.

물론 틀리지 않았다. 다 맞는 말이다. 하지만 이런 방법으로는 절대 부자가 될 수 없다. 대부분 사회초년생이 각 분야에 넣을 수 있는 돈도 고작 몇십만 원에 불과하다.

실제 어떤 이의 재테크 포트폴리오는 다음과 같다.

- **국내 주식형 펀드: 30만 원**
- **대체투자 펀드: 20만 원**
- **금, 석유, 원자재 펀드: 15만 원**
- **은행적금: 20만 원**
- **변액보험: 10만 원**

이렇게만 해도 총 금액은 벌써 95만 원이나 된다. 열심히 일해서 벌고 악착같이 모은 돈을 잘게 쪼개어 투자하고 있는 것이다.

사회초년생이 한 달에 이 정도 금액을 재테크에 투자하고 있다면 굉장히 우수한 편이다. 현실에서는 재테크는커녕 빚에 허덕이는 젊은이들이 대부분이니 말이다. 그렇기에 이들의 노력은 눈물겹도록 아름답다. 하지만 그 열정과 절약정신이 충분히 칭찬받을 행위일지라도 이는 잘못된 방식이다. 그들도 머지않아 깨닫게 될 것이다. 결코 이런 식으로는 부자가 될 수 없다는 사실을.

진실을 깨우칠 필요가 있다. 이러한 분산투자는 오직 부자들만을 위한 재테크 방식이다. 이미 부를 일군 자들이 그 부를 물가상승으로부터 보호하고자 도입한 방식이다. 부자들은 자산을 급격히 부풀릴 생각이 없다. 금리 이상의 수익률을 얻으며 리스크관리를 통해 천천히 자산을 불려나가는 것이 그들의 목적이다. 사실, 재테크라는 것이 애초에 부자들의 자산을 안정적으로 관리하기 위해 탄생한 것이기도 하다. 하지만 부자가 아니라고 해서 월급에만 목숨 걸며 절약, 저축만 하고 살 수는 없지 않은가.

부자가 되기 전에는 반드시 계란을 한 바구니에 담아야 한다. (물론 단순히 '몰빵투자'를 하라는 의미는 아니다.) 악착같이 모은 종잣돈을 무작정 여러 펀드, 적금 등에 나눠놓고 있다고 해서 잘하고 있는 것이 아니다. 내가 그 투자대상에 대해서 정확히 알지 못한다면 아예 투자 자체를 하지 말아야 한다. 무작정 분산한다고 될 것이 아니다.

기회가 보이기 전까지는 돈을 한 바구니에 모아놓고 독하게 공부해야 한다. 충분한 내공이 쌓이기 전까지는, 뚜렷한 투자처가 보이기 전까지는 열심히 돈을 모으고 절약함과 동시에 하나의 눈뭉치를 계속해서 뭉치며 기회를 엿봐야 한다. 어설프게 이곳저곳 분산하다가 이도저도 아닌 결과를 마주하게 될 것이다.

그렇게 내공을 쌓다가 기회를 만나면 한곳에 집중적으로 투자하라. 이는 당신이 지금 부자로 가는 여정 속에 있는 사람이기 때문이다. 그렇게 나의 돈을 한 바구니에 담은 뒤 그 바구니를 주의 깊게 지켜보라. 자신의 예측대로 시장이 돌아가고 있는지, 수익이 발생하고 있는지, 또 다른 리스크가 발생할 가능성은 없는지 계속해서 지켜봐야 한다.

재테크에 관심을 갖고 정보를 찾아다니다보면 차츰 눈에 보일 것이다. 얼마나 많은 사람이 틀린 정보를 그럴듯하게 떠들어대는지 말이다. 지금 누군가가 당신 귀에다 떠들어대는, 혹시나 당신이 하려고 하는, 어쩌면 당신이 이미 하고 있는 그 뻔하디 뻔한 분산투자로는 절대 부자가 될 수 없다. 계란을 한 바구니에 담지 말라는 말은 어느 정도 부의 수준을 이루었을 때의 이야기다. 부자가 되기 위해 첫걸음을 떼는 당신은 대신 이 말을 기억했으면 한다.

바구니를 알아볼 수 있는 안목을 키워라. 그리고 그 바구니에 계란을 집중적으로 담아라.

반드시 명심해야 할 것이 하나 더 있다. 자신이 충분히 준비되지 않은 채로 계란을 한 바구니에 담았다가는 회복불능이 될지도 모른다. 그러니 끊임없이 배우고 익히자. 아직 나의 계란을 담아야 할 바구니가 보이지 않는다면 성급하게 덤벼들지 말자. 당신과 같은 열치기를 잡아먹기 위해 기다리고 있는 것이 바로 '투자시장'이란 곳이기 때문이다. 내공을 쌓고 자신만의 원칙을 만들어나가자. 어느 순간 당신 앞을 가리고 있던 뿌연 안개가 깨끗하게 사라지는 황홀한 경험을 하게 될 것이다.

자산과 부채,
제대로 이해하고 있는가

부자가 되기 위해서, 경제적 자유를 얻기 위해서는 자산과 부채에 대해 정확히 구분하고 이해할 수 있어야 한다.

부자라는 것은, 경제적 자유를 얻는다는 것은 자산을 많이 가지고 있음을 의미한다. 그 반대로 자산이 없거나 부채가 많으면 그는 부자가 아닌 빈자요, 경제적 자유는커녕 일의 노예, 돈의 노예로 살아가고 있는 사람이다.

그렇다면 자산이란 무엇인가. 재산, 재물, 풍족한 것, 아파트, 건물, 땅, 주식 등이 떠오를 것이다. 그렇다면 내가 좋아하는 옷이나 그림, 사진은 자산일까? 누군가로부터 받은 편지, 책, 전자제품 등은 자산이라 할 수 있을까?

'개인이나 기업이 소유하고 있는 경제적 가치가 있는 유형, 무형의 재산'이 바로 자산의 사전적 정의다. 그러나 내 생각은 다르다. 내가 내리는 자산의 정의는 다음과 같다.

내게 현금을 계속 창출해주는 것

그렇다면 부채는 어떻게 정의할 수 있을까. 반대로 생각하면 아주 쉽다.

내게서 현금을 계속 빼앗아가는 것

어떤가, 아주 간단하지 않은가. 이는 경제적 자유로 가는 핵심 키워드라 볼 수 있다.

그럼 다시 생각해보자. 자동차는 자산일까, 아닐까? 단순히 내 차를 하나 갖고 싶다는 욕망만으로 차를 구입했다면 그건 자산이 아니다. 전형적인 부채라 할 수 있다. 그것이 제아무리 억대의 값비싼 자동차라도 말이다. 왜냐하면 차는 구입하는 그 순간부터 계속해서 지출을 유발하기 때문이다. 자동차 할부금, 세금, 보험료, 주유비, 통행료, 주차비… 내게서 현금을 계속 빼앗아가는 가장 치명적인 부채 중 하나다.

그러나 같은 자동차라도 개인 택시기사라든가, 화물차 운전사처럼 자신의 차를 이용해 돈을 벌고 있다면 그것은 자산이라 할 수 있다. 다만 자신이 일하지 않을 때에도 현금을 창출하는 것이 아니라 자신이 직접 움직이며 노동을 할 때에만 현금을 창출하기 때문에 내가 말하고자 하는 자산과 완전히 부합하지는 않는다. 진정한 자산이란 바로 이런 것이다.

내가 일하지 않는 동안에도 내게 현금을 지속적으로 창출해주는 것

그런 의미에서 모든 부동산이 다 자산인 것은 아니다. 예를 들어 자신이 그 부동산을 소유하는 동안 계속해서 현금이 창출된다면 자산이지만, 소유하고 있는 동안 현금을 창출하기는커녕 계속해서 내 돈을 빼앗아가는 존재라면 부채라 할 수 있다. '하우스 푸어'가 이에 해당한다. 부동산이지만 대출이자로 인해 집주인을 계속해서 허덕이게 만든다면 이는 부채인 것이다. 그렇기에 설령 남들이 다 부러워하는 대형 아파트를 갖고 있다고 해도 매달 대출이자 때문에 근심걱정을 하고 있다면 그는 부자가 아니다. 경제적 자유를 누리고 있지 못하는 까닭이다.

부자가 되기 위해서는 부채가 아닌 자산을 획득해야 한다. 자산을 획득하면 할수록 더욱 부자의 길에 가까이 다가가는 것이고, 점점 더 큰 경제적 자유를 누릴 수 있게 된다. 반대로 부채를 획득하면 할수록, 특히 자산이라고 생각했지만 오히려 완전한 부채인 것을 계속 취득하면 할수록 점점 더 가난해진다. 항상 부채와 자산을 구분할 수 있는 정확한 이해가 선행되어야 하며 그 후에는 자산을, 이왕이면 우량한 자산을 획득할 수 있는 방법을 연마하는 것이 경제적 자유로 가는 해법인 것이다.

당신은 자산과 부채를 정확히 이해하고 파악하고 있는가? 자산인 척하지만 부채인 것에 속고 있지는 않은가? 내가 일하지 않는 동안에도 계속해서 현금을 창출해줄 나만의 자산을 보유하고 있는가? 그러한 자산들을 계속해서 늘려갈 수 있는가?

이것이 바로 부자가 되는, 경제적 자유를 얻는 비법이다.

주식투자로 정말 부자가 되겠는가

20~30대 젊은이들 중에는 재테크와 투자에 일찍 눈을 뜨고 심지어 능통하기까지 한 사람이 적지 않다. 대학생 시절부터 주식투자나 금융 관련 동아리에서 활동하며 많은 지식과 경험을 쌓는 이들이 의외로 많은데, 이들과 일반 대학생들은 앞으로 세월이 흐르면 흐를수록 지식과 자산 규모에서 그 격차가 점점 더 벌어질 것이다.

그런데 참으로 아쉬운 것 중 하나가 그 분야가 주식에만 한정된 경향이 있다는 것이다. 대학생들이 투자와 재테크에 관련해서 공부하고 투자하는 행태를 들여다보면 대부분 주식 분야에만 그치고 있는 것이 현실이다. 요즘은 어떤지 정확히 모르겠지만, 내가 대학생일 때에도 주식투자 동아리들은 대학마다 많았는데 부동산투자 동아리는 전혀 보지 못했다. 나는 부동산학으로 꽤나 유명한 대학을 나왔는데, 그곳에서도 부동산 학습 동아리는 있었지만 투자 동아리는 없었던 것으로 기억한다.

어쩌면 당연할 것일지 모른다. 주식투자는 소규모의 자금으로도 충분히 투자할 수 있기에 돈이 없는 대학생들도 뛰어들 수 있지만, 부동산투자는 그렇지 않기 때문이다. 아니, 정확히 말하면 부동산투자는 그렇지 않다는 편견을 지니고 있기 때문이다.

수많은 금융 관련, 주식 관련 종사자들은 말한다. 앞으로 대한민국의 부동산시장은 대세하락을 맞을 것이며 특히 인구감소와 고령화, 20~30대 청년층의 구매력 저하로 인해 이는 피할 수 없는 현실이 될 거라고.

그러나 이는 하나만 알고 둘은 모르는 이야기다. 우리는 전문가라는 사람들의 말을 절대 곧이곧대로 믿어선 안 된다. 그들은 자신의 이해관계에 어긋난 말을 결코 내뱉지 않기 때문이다.

개미투자자가 주식으로 부자가 되는 것이 얼마나 힘든 일이던가. 주식은 오히려 자본금이 많을수록 훨씬 유리한 게임이다.

또한, 주식은 누구나 무조건 해야 하는 투자는 아니다. 하지만 부동산은 다르다. 사람은 누구나 돈이 적으면 적은 대로, 많으면 많은 대로 내 집 장만, 거주지에 투자하는 것을 가장 먼저 생각한다. 인간을 떠나 모든 생명체의 본질적 욕구이자 목표인 것이다. 살아 있는 모든 것은 내 몸을 쉬게 해줄 안정적인 거주지를 가장 먼저 생각하게 되어 있다. 그리고 시간이 흐를수록, 돈을 벌수록 더 넓고 근사한 곳으로 옮기고 싶은 욕망을 갖게 된다.

집이란 무엇인가. 바로 '부동산'이다. 결국 인간의 재테크는 부동산을 빼놓고는 말을 할 수가 없는 것이다. 누군가는 평생 남의 셋방살이를 하다가 생을 마감할 수도 있다. 누군가는 평생 단 한 번 내 집을 마련할 수도 있고, 누군가는 여러 번의 기회를 가질 수도 있다. 이는 얼마나 현명한 재테크를 하느냐에 달렸다. 결국 보통 사람들의 입장에서 부자가 되는 지렛대 역할을 해주는 것은 그때그때 자신이 하는 재테크이기 때문이다.

무엇보다 그 규모가 가장 크고 중요한 부동산 재테크를 제대로 할 줄 알아야 한다. 어디에 집을 사고, 어떤 종류의 집을 사고, 언제 집을 사고, 레버리지를 어느 정도 이용하고, 부동산을 어떻게 관리하고, 언제 매도하고, 세금 문제를 어떻게 해결하느냐에 따라 격차는 눈에 띄게 벌어지는 것이다.

그렇기에 당신은 하루빨리 부동산에 눈을 떠야 한다. 부자가 되고 싶다면, 경제적 자유를 누리고 싶다면 말이다. 지금 당장 돈이 없더라도 부동산 공부에 몰두해야 한다. 돈이 준비된 상황에서 공부를 하면 이미 늦은 것이다. 사실 돈이란 것을 어느 정도 준비해야 하는지 기준도 없다. 그렇기에 준비되었다는 수준도 모호하다.

부동산시장에는 늘 주기라는 것이 있고, 흐름이라는 것이 있고, 금리나 정책도 항상 변하기에 자신이 어느 때에 어느 부동산을 매입했느냐에 따라 그 수익률은 확연히 달라진다. 집을 샀더니 대세 상승기에 진입해서 자산가치가 빠르게 불어날 수도 있고, 남들이 모두 달려드는 꼭지에 샀더니 몇 년 동안 집값이 하락할 수도 있다. 이는 평소에 관심을 갖고 꾸준히 공부해두지 않으면 절대 알 수 없는 것이다.

특히나 부동산은 공부해야 할 분야와 종류도 많은 편이다. 경기 흐름은 물론이고, 종목별 투자법, 법, 세금 등 자신이 갖고 있는 내공에 따라 결과는 천양지차를 보이게 된다. 그렇기에 하루빨리 부동산에 눈을 떠 관련 지식을 많이 쌓을수록 부자가 될 가능성이 커진다. 반대로 부동산 재테크에 문외한인 자가 안 좋은 시기에 잘못된 부동산을 덜컥 샀다가는 나락으로 떨어질 수도 있다.

하루라도 빨리 재테크 공부에 몰두하라. 그중에서도 핵심인, 인생을 살면서 무조건 하게 될 부동산 재테크에 눈을 떠라. 일찍 눈을 떴다는 사실만으로도 당신은 남보다 훨씬 앞선 걸음을 걷게 되는 것이다.

왜 하필 부동산인가

부동산에 대해 알면 나쁠 것은 없겠으나, 꼭 알아야 할 필요가 있을까? 부동산에 관심을 갖지 않는다고 해서 크게 해가 될 일이 있을까? 먹고살기도 바쁜데 굳이 따로 시간을 내어 시간과 에너지와 돈을 투자할 필요가 있을까?

평범한 사람이라면 한 평생 내 집과 관련된 거래를 하는 것이 평균 다섯 차례를 넘지 않는다.(전·월세 거래를 제외하고) 전문적인 투자자가 아닌 이상, 집을 사고파는 행위를 자주 하는 이는 그리 많지 않다. 자주는커녕 누군가는 평생토록 내 집 한 번 갖지 못하고 세상을 떠날 수도 있다.

직장 업무나 사업 등 자신의 업과 크게 연관도 없는 것에 따로 시간과 돈, 에너지를 투입하여 공부한다는 것은 쓸모없는 일로 비치기 쉽다. 매우 비효율적이고 비합리적인 일이 아닐 수 없다. 살면서 부동산투자에 관한 의사결정을 할 날이 손에 꼽을 것인데, 굳이 많은 시간을 들여 부동산투자 지식을 쌓을 필요가 있겠느냐는 말이다. 지금 당장은 투자할 돈도 없고, 앞으로 언제 부동산을 사게 될지도 알 수 없는데 말이다. 그런데도 굳이 부동산에 대해 잘 알아야 하는 걸까?

이에 대한 내 답은 무조건 "yes"다. 그것도 단순한 노력 정도가 아니라 제2의 직업이라 여기고 혼신의 힘을 기울여야 한다고 생각한다. 내가 현재 가진 자금이 얼마이든 간에 지속적으로 부동산시장에 관심을 가지며 꾸준히 공부해야 한다.

물론 내 본업을 등한시하고 매일 부동산 중개업소를 들락거린다거나, 커다란 한 방을 기대하며 이곳저곳 땅 보러 다니는 것에 쓸데없이 많은 시간을 투자하는 것은 절대 반대다. 하지만 본업에 충실하면서도 따로 시간을 내어 부동산투자에 대한 심도 있는 지식을 쌓으려고 노력하는 것은 적극적으로 찬성한다.

왜 이렇게까지 해야 하는지 이해가 되지 않는 사람도 있을 것이다. 그러나 '부동산'이라는, '집'이라는 존재에 대해서 한 번이라도 진지하게 생각해본다면, 누구나 고개를 끄덕이며 동의할 수밖에 없을 것이다.

'집'이란 무엇인가. 내가 살고 있는 거주지, 지친 하루 일상을 마치고 돌아와 충분히 휴식을 취할 수 있는 곳, 그 안에 머무는 동안만큼은 누구에게도 간섭받지 않고 마음껏 자유를 누릴 수 있는 공간, 우리 가족의 든든한 보금자리…. 이것이 바로 '집'이다.

인간이 수렵과 채집생활을 하던 구석기시대부터 21세기의 현대사회에 이르기까지 집이란 그 형태와 생김새는 바뀌었을지언정 의미와 중요성은 결코 변하지 않았다. 그토록 중요한 의미를 담고 있는 이 집이란 녀석 때문에 인간은 걱정하고 근심하다가, 때로는 웃고 행복해한다.

인류의 역사란 거주지의 발전과 그 궤를 같이 한다고 말할 수 있다. 그 정도로 인간이 집에 대해 갖는 애착과 꿈은 상상 그 이상이며, 집은 인간과 떼려야 뗄 수 없는 존재임이 분명하다. 게다가 인류의 역사가 발전하면 할수록 집은 단지 '공간'으로의 의미뿐만 아니라 '자산'으로의 의미 또한 짙어지게 되었으므로 집에 대한 인간의 집착과 욕망은 앞으로도 커지면 커졌지 결코 줄어들지 않을 것이다.

자산으로의 의미가 커지게 되면서 집이란 한 인간의 성공 여부나 사회적 지위 등을 측정하는 대표적인 도구로 자리매김하게 되었다. 사람들이 처음 누군가를 만날 때 그의 외모나 직업, 성격 등 그 사람이 가진 특성 자체 못지않게 궁금증을 가지는 것이 바로 그가 '어디'에 사느냐이다. 어디에 사는지를 앎으로써 그 사람의 수준을 대략적으로나마 판단할 수 있고, 그가 가진 자산의 정도 또한 짐작 가능하기 때문이다. 결혼적령기인 딸을 위해 강남에 단칸방 월세를 얻어줬다는 한 어머니의 이야기는 결코 그냥 웃어넘길 일이 아닌 것이다.

그렇기에 상대적으로 가난한 동네에 살고 있는 이들이나 집이 없는 무주택자들은 서러움을 느낀다. 이 서러움은 때로는 한탄으로, 때로는 분노로까지 치닫게 되는데 대한민국이란 이 좁은 땅덩이에서는 이것이 단순한 감정적 충돌을 넘어 계급갈등과 정치적인 문제로까지 확대되곤 한다. 집은 더 이상 단순한 거주지가 아니다. 나의 자산이자 사회적 지위, 계급으로까지 그 범위가 확장된 것이다.

보통 서민의 삶이란, 많지 않은 월급에 그달 그달 먹고사는 문제를 의존해야 하는 삶이라 할 수 있다. 연예인이나 운동선수, 사업을 하는 이가 아닌 이상 직장에 다니는 보통 사람들에게 살면서 갑자기 목돈이 생길 일은 거의 없다. 이는 많은 이들의 부러움을 사는 대기업의 고소득 직장인이나 전문직이라 해도 마찬가지다. 예외적인 경우를 제외하면 대부분은 한 달에 들어오는 고정소득이 있으며, 향후 몇 년간 벌어들일 돈 또한 충분히 예측가능하다. 로또와 같은 대박을 가정하지 않는 한, 한 개인이 살면서 벌게 되는 돈이란 이미 정해져 있는 셈이다.

임금상승률 역시 정해져 있다. 이 임금상승률은 대개 물가상승률에도 못 미치는 경우가 태반이며, 집값상승률에는 발끝도 감히 미치지 못한 것이 지난 대한민국의 현실이었다. 특히나 무주택자들인 월세나 전세거주자들은 애써 아끼고 아껴 월급을 저축해도 어느덧 집값이 그 이상으로 뛰어오르곤 했다. 집값은커녕 2년마다 전세금 올려주기도 빠듯했다. 그래서 부모나 주변 친지에게 도움을 받지 않는 이상 내 집 마련은 요원한 것이 현실이요, 2년간 뼈 빠지게 모아도 전세살이조차 벗어나는 것이 힘겨운 삶이었다.

반대로 집을 갖고 있는 이들은 어떠했는가. 한때 '하우스 푸어'라는, 소위 '집 가진 거지'들에 관한 이야기가 이슈되기도 했지만, 이는 무리하게 대출을 받아 능력 이상의 사치스러운 집을 산 이들에게 한정된 것이다.

대부분 집(부동산)을 갖고 있는 이들은 언제나 집이 든든한 힘이 되어주곤 했다. 규모의 차이는 있을지언정 몇 년만 지나면 항상 올라주는 집값에 여간 마음이 든든할 수가 없었다. 사업이 잘 안 되더라도, 이곳저곳 목돈 들어갈 일이 갑자기 생기더라도 값이 오른 집을 매도하거나 전세금을 올려 받음으로써 통해 한숨을 돌릴 수 있었다. 그때마다 집을 가진 이들은 내 집의 고마움을 절절히 깨달았다.

반면, 그럴수록 집이 없는 이들에게 부동산이란 점점 더 애증의 대상이 되어갔다. 이렇게 집을 가진 이와 집을 갖지 못한 자는 애초부터 상대가 되지 않는 게임을 하고 있었던 것이다.

서두에 말했던 "왜 부동산에 대해 알아야 하는가?"라는 질문에 대한 가장 명확한 대답은 이것이다.

"당신은 대한민국에 살고 있기 때문이다."

씁쓸하지만 이것이 현실이다. 대한민국에서 부자로 살아남기 위해서는 반드시 부동산을 알아야 한다. 당신이 지금 가진 것 하나 없는 무일푼일지라도, 당장 투자할 돈은커녕 이번 달엔 먹고살기조차 빠듯할지라도 부동산에 관심을 갖고 공부해야 한다. 차곡차곡 월급

모아 언젠가 집을 마련하겠다는 생각은 너무나 어리석고도 순수하다. 이제 부동산은 나의 자산이자, 나의 부를 증대시켜줄 수단이다. 막막해 보이지만 반드시 그 노력의 결실이 내게로 돌아온다.

내 집이 먼저인가, 투자가 먼저인가

내 집 마련을 먼저 할 것인가, 투자를 먼저 할 것인가? 먼저 짚고 넘어가야 할 점은, 이 두 개의 선택지가 공통의 전제를 깔고 있다는 것이다. 바로 부동산(집)이란 걸 사보겠다는 마음의 준비가 되었다는 것. 이 글을 읽는 당신은 이미 부동산투자에 상당히 관심이 많고, 적극적으로 공부하려는 자세를 지닌 사람일 것이다. 그 점을 대단히 칭찬하고, 축하한다는 말로까지 표현하고 싶다. 왜냐하면 대한민국 인구의 절반은 그러한 자세를 전혀 갖고 있지 않기 때문이다. 그들은 평생 남의 집에 세 들어 산다. 그리고 평생에 걸쳐 자기 이름으로 된 부동산 한 채 가져보지 못한다. 이렇게 극단적으로 얘기하는 이유는 그 본질적 이유가 '돈이 없어서'가 아닌, 마인드 훈련이 되지 않아서다.

서울 아파트 평균가격이 5억 원을 돌파해 이제 10억 원까지 바라보고 있는 판국이다. 이 마당에 "내가 그 돈이 어디 있냐. 월급 200만 원 받아 생활비 쓰고 나면 돈 한 푼 남는 것 없다" "집값은 더 떨어져야 된다, 폭락해야 한다"라고 말하는 자들에게는 이 글이 하등 도움이 되지 않을 것이다. 그런 이들을 계몽(?)시키는 일은 너무도 멀고도 힘든 일이다.

그래서 안타깝게도 세상에 부자가 될 사람은 이미 정해져 있다. 이는 그 사람의 현재 능력과 투자금의 문제가 아니다. 어떤 마인드와 가치관을 품고 하루하루를 살아가느냐의 문제다. (당신 주변에 그런 이들만 가득하다면, 과감히 끊어라. 부자를 욕하는 그들, 어차피 훗날에는 부자가 된 당신을 욕하고 다닐 것이니.)

내 집 마련을 위한 통찰을 드리자면, 원래 집은 월급을 모아 사는 게 아니란 것이다. 집이란 저축해서 살 수 있는 것이 아니다. 월급을 모아 집을 살 수 없는 대한민국의 현실이 잘못된 게 아니라, 원래 집은 월급을 모아서는 살 수 없는 것임을 강조하고 싶다. (전 세계 어디에도 월급을 모아 집을 살 수 있는 곳은 없다.)

집은 레버리지를 활용해야 살 수 있는 것이다. 대출을 끼고 사든지, 우리나라에만 있다고 하는 전세를 끼고 사야 하는 것이다. 대출을 끼고 산다고 하면, "그 대출원금을 언제 갚냐?"라고 말하는 사람이 있을 것이다. 그러나 대출원금은 원래 못 갚는 것이다. 나중에 그 집을 처분하면서 갚는 것이다. 그리고 다음 집을 살 때 또다시 대출을 일으키는 것이다. 간단하지만 중요한 통찰을 깨닫지 못한다면, 평생을 정치인과 언론의 꼬드김에 이용만 당할 것이다.

앞서 말했듯이 이 글은 이미 부동산투자를 (또는 내 집 마련을) 해보겠다고 마음먹은 자를 위한 것이다. 돈 중심 계급사회를 인정하고 한 단계 한 단계 오르려는 사람들을 위한 글이다. 그러한 전제로 내 집 마련과 투자 중 우선순위를 정하는 방법을 설명하겠다.

우선 대부분의 인간은 '일'이란 것을 하기에 '출근'이란 걸 한다. 앞으로 출퇴근이 없는 시대가 온다고 하지만, 그건 해당 업에서 경쟁력을 갖췄거나 개인 브랜드 파워를 소유한 극소수에 해당할 뿐, 여전히 출퇴근이란 숙명과도 같은 일이다. 여담이지만, 요즘 같은 시대에는 '일하지 않아도 돈이 들어오게 한다'라는 경제적 자유 개념이 다소 식상한 멘트가 되어버린 것 같다.

하지만 경제적 자유란, 여전히 상상 그 이상의 혁명적 개념이라는 것을 다시 한 번 강조한다. 아무리 출퇴근 없는 시대가 온다 해도 대다수의 개인에게 경제적 자유란 인생에서 쉽게 벌어질 수 없는 요원한 일이니 말이다.

일을 한다는 전제 아래, 먼저 자신에게 두 가지 질문을 던져야 한다.

1. 내 일터가 어디인가?

2. 일터 주변의 부동산 가격흐름은 어떤가?

두 가지 질문에 살을 붙여 구체적으로 다시 한 번 질문해보자.

1. (내가 마음대로 바꿀 수 없는) **내 일터가 지금 어디에 있는가?**

2. 일터와 가까운 거리에 (출퇴근 1시간 이내 거리에) **있는 집을** (이 정도면 내 집 마련을 했다는 기분이 드는 집을) **지금 당장 살 수 있는 돈이** (레버리지를 껴서) **있는가?**

먼저, 두 번째 질문에 답해보자. 이 질문에 "yes"가 나오지 않는다면? 그럼 두말할 것 없다. 당신은 지금 내 집 마련을 할 준비가 되지 않은 것이다. 그러니 투자를 먼저 시작하라! 투자를 먼저 시작해서 지금 가진 종잣돈을 불려라. 자본의 크기를 키워라. (투자하지 않고, 몇 년 월급을 더 모아 그때 가서 내 집 마련하겠다는 식의 소리는 제발 하지 마라. 당신의 돈이 모이는 속도보다 집값 오르는 속도가 더 빠를 것이니….)

반대로 질문에 "yes"가 나온 이들, 내 집 마련을 할 준비가 된 이들은 재빨리 다음 단계를 실행해야 한다. 바로 해당 지역의 최근 1~3년 사이의 가격흐름과 공급물량을 확인하는 것이다. 해당 지역이란 출퇴근이 1시간 안에 가능한 지역으로, 3년 이전의 가격흐름은 보지 않아도 좋다. 봐봤자 당신에겐 배 아픈 일이고, 더 헷갈리기만 할 뿐이다. "10년 전엔 여기가 얼마였는데, 이 가격이 지금 말이 돼?"라는 (바보 같은) 소리는 하지 마라. 그간 물가는 가만히 있었겠는가. 바보는 집값이 폭락할 거라 믿으며 평생 전세만 사는 사람이다.

최근에 해당 지역이 급등한 적이 없다면 적극적으로 내 집 마련을 고민해보는 것이 좋다. 세상사 이치는 단순하다. 상승이 없었다면, 하락도 없다.

13여 년간 부동산시장에서 치열한 전사로 살아오며 깨달은 두 가지가 있다. 하나는 언론에서 잘난 척 떠드는 그 어떤 누구도 시장을 정확히 예측할 수 없다는 것이고, 다른 하나는 부동산시장이 또 그리 예측하기 어려운 것은 아니라는 점이다. 결국 시장은 항상 '상식'으로 수렴한다는 것이다. 그저 언제나 상식을 통해 시장을 바라보려 노력하면 된다. 당신이 하루빨리 이 말을 이해하는 날이 오길 바란다.

다시 한 번 강조한다. 최근에 급등한 지역이 아니라면 적극적으로 내 집 마련을 고민하라고 말하겠다. 인생을 살며 감당할 수준 내에서는 한번 베팅해볼 필요가 있다.

다만 2019년 현시점에서는 조심스럽게 접근해야 할 지역이 있다. 간단히 나열하자면 평택, 화성, 용인, 남양주, 시흥, 하남, 의왕, 안산, 화성, 오산, 춘천, 원주, 강릉, 청주, 세종, 전주, 부산, 울산, 창원, 김해 지역이다. 이곳에 살고 있다면 당장 성급히 내 집 마련을 하기보다는 시장 상황을 좀 더 지켜보는 것이 좋다. 이유는 공급물량이 상당히 많기 때문이다. 주의하며 접근하자는 의미이니 오해하지 말기를 바란다. 더불어 여기서는 내 집 마련과 투자의 우선순위를 정하는 방법을 설명하고 있기에 세부 지역과 역발상 접근 개념은 언급하지 않도록 하겠다.

남의 돈
200% 활용하기

사람들은 빚을 지는 것에 굉장한 두려움을 가지고 있다. 빚은 무조건 나쁜 것이요, 빚지지 않고 사는 내가 잘사는 것이라 생각한다. 물론 각박한 현대사회에서 남들에게 큰 빚을 지지 않고 착실히 산다는 것은 분명 자랑스러운 일이다. 하지만 무조건 빚은 나쁜 것이라는 잘못된 고정관념에 사로잡혀 있으면 절대 부자가 될 수 없다. 서민일수록 자신이 가진 돈에는 한계가 있기 때문에 부자가 되기 위해서는 남의 돈을 현명히 활용할 수 있는 능력과 지혜가 필요하다.

빚, 부채에는 좋은 것이 있고 나쁜 것이 있다. 나쁜 부채는 절대 만들지 말아야 하지만, 좋은 부채는 자신이 다룰 수 있는 역량만 된다면 아무리 많이 갖게 되어도 나쁠 것이 없다.

소비를 위해 지는 빚은 전형적인 나쁜 빚으로, 반드시 피해야 할 빚의 유형이다. 소비를 위해 수시로 현금서비스나 마이너스 통장을 사용하는 사람은 부자처럼 보이고 싶을 뿐, 사실은 절대 부자가 되지 않겠다고 선언하는 것이나 다름없다.

언젠가 부동산경매투자를 통해 소유하게 된 원룸 오피스텔을 세놓기 위해 중개업소에 계약을 하러 갔는데, 당시 세입자가 아우디를 끌고 나타났다. 월세 50만 원짜리 원룸에 살면서 아우디라니. 그녀는 부자처럼 보이고 싶었겠지만, 하루하루의 속사정은 빚 때문에 새카맣게 타들어가고 있을 것이 뻔했다. 그녀에게 경제적 자유란 평생 요원한 일일 것이다.

소비를 하는 데에는 무리한 빚을 지지 않아야겠지만 우량한 자산에 투자할 때에는 적극적으로 레버리지를 활용해야 한다. 물론 '우량'이라는 개념을 제대로 판단하기 위해서는 다양한 경험과 학습을 통한 안목이 필요하지만 말이다. 어쨌든 세상에 리스크 없는 투자는 없다. 자산을 불려가기 위해서는 적절하게 부채를 활용하여 그 증가속도가 탄력을 받도록 도와야 한다. 무조건 빚지지 않고 살아가는 것이 능사는 아니다.

아파트를 구입할 때, 현재 내가 가진 종잣돈이 없다고 돈이 모일 때까지 기다렸다가는 평생토록 내 집을 마련할 수 없을 것이다. 자산가치의 상승속도가 임금의 상승속도보다 빠르기 때문이다. 돈을 모아 집을 사려고 할 때마다 집값은 훨씬 더 올라 있을 것이다. 이때 필요한 것이 바로 '좋은 빚'이다.

부채에서 발생하는 금리비용보다 내가 더 많은 수익을 올릴 수 있다는 기대를 할 수 있다면 과감히 부채를 짊어지는 것이 현명하다. 적절한 리스크를 떠안지 않고서는 절대 부자가 될 수 없다. 특히나 애초에 가진 것이 없는 이가 쥐꼬리만한 월급을 차곡차곡 모아 예금 등의 안정적인 투자로만 부자가 되겠다는 것은 이루어질 수 없는 망상에 불과하다.

물론 부채는 양날의 검과 같은 법이어서 잘못 사용했다가는 그나마 갖고 있던 종잣돈마저 잃고 회생불능의 상태가 될 수도 있다. 그렇기에 철저히 공부해야 하는 것이다.

빚에 대한 마인드를 바꿔라. 인류 전체의 역사를 통틀어 부자가 된 이들은 남의 돈을 아주 얄밉도록 현명하게 활용한 이들이었다. 타인의 돈을 활용할 수 있는 능력, 혜안, 지혜를 갖출 수 있도록 공부하자. 순수하게 자기 돈만으로 부자가 될 수는 없다.

갖고 있는 자산이 충분히 많아진다면 그때는 무조건적인 수익추구보다는 자산을 지키는 것에도 신경 써야 할 것이다. 각종 세금이나 인플레이션으로부터 방어할 수 있도록 말이다. 그러나 현재 갖고 있는 것이 별 볼 일 없을수록 현명하게 부채(레버리지)를 활용할 수 있어야 한다. 그렇게 레버리지라는 거인의 어깨를 타고 성큼성큼 걸어가라. 현명한 레버리지 활용은 당신의 자산 증가속도에 날개를 달아줄 것이다.

없는 사람일수록 지켜야 한다

세계적인 부자이자 전설적인 투자의 귀재라 불리는 워런 버핏의 투자 원칙 두 가지를 소개한다.

- **원칙1: 절대 돈을 잃지 않는다.**
- **원칙2: 절대 원칙1을 잊지 않는다.**

그렇다. 그가 강조하고자 했던 것은 바로 투자를 할 때의 '안정성'이다. 주식이건, 펀드건, 채권이건, 부동산이건 투자자들은 대부분 앞으로 생길 수익만 따지기 마련이다. 이는 사실 당연한 것이다. 투자란 결국 수익을 내기 위해 하는 것이니 말이다. 하지만 투자를 하면 할수록, 부자가 되어갈수록 생각해야 할 것이 바로 '안정성'이다.

어떤 이는 부자란 '더 이상 돈을 불릴 필요가 없는 사람'이라고 정의내리기도 한다. 그 말인즉슨, 부자는 이미 돈이 충분히 있으므로 본인이 살아 있는 동안 가진 돈을 온전히 지킬 수 있는 정도만을 원한다는 것이다. 그래서 그들은 죽을 때까지 자산가치가 유지되길 바라고, 이후 2세에게 온전히 물려주기를 원한다. 여하튼 핵심은, 부자는 '지키는 자'라는 것이다.

그렇다. 사실 재테크는 내가 가진 돈을 어떻게 지킬 것인가에 대한 고민으로부터 나온 것이다. 수중에 10억이 있어도 그걸 현금으로 집에 차곡차곡 쌓아둘 수는 없을 것이다. 보관상의 문제가 아니다. 물가가 상승할수록 금리가 하락하기 때문이다. 그래서 아무리 이자율이 형편없어도 은행에 예금으로 넣어두게 된다. 그렇게 갖고 있는 돈을 지키기 위한 목적에서 나온 것이 재테크의 출발이다.

하지만 돈을 갖고 있는 인간이라면 결국 지키는 것에서 나아가 조금이라도 나은 수익률을 창출하는 곳으로, 그래서 조금이라도 더 빨리 재산을 불릴 수 있는 곳으로 이동하게 되어 있다. 그래서 세상에는 수많은 재테크 수단과 상품들이 탄생하는 것이다.

이렇게 가진 돈으로 더 나은 수익을 거두기 위해 사람들은 계속해서 이동을 하는데, 이 과정에서 사람들이 놓치기 쉬운 것이 바로 내가 애초에 갖고 있던 원금의 안정성이다. 특히나 가진 것이 얼마 없는 서민일수록 더욱 주의를 살피면서 안전하게 불려나가야 하는데, 빨리 불리고 싶다는 욕심 때문에 오히려 너무도 위험천만한 투자에 뛰어들곤 한다.

하지만 명심해야 한다. 없는 사람일수록 그 돈은 반드시 지켜야 한다는 것을. 보잘것없어 보이는 원금이야말로 후에 나를 큰 부자로 만들어줄 소중한 씨앗이기 때문이다. 얼마 되지 않는 씨앗이라도 후에 큰 나무로 키우고 싶다면 하나하나 소중히 다뤄야 한다. 무턱대고 아무 데나 뿌려서는 안 된다.

그렇다면 어떻게 해야 안정성에 기반을 둔 투자를 할 수 있을까? 가장 안전한 곳은 당연히 은행이다. 하지만 앞에서 말했듯이 은행 이자만으로 부자가 되기는 애초에 불가능하다. 은행에 목돈을 넣어두고 다달이 늘어가는 이자로 수익을 올리는 건 충분한 돈을 가지고 있는 부자들이나 하는 행동이다. 그러니 이제 은행의 품에서 떠나야 한다. 은행은 내가 부동산을 구입할 때 대출을 받는 곳으로만 사용해야지, 은행의 상품으로 부자가 되기를 바라는 것은 낙타가 바늘구멍 통과하기보다 어려운 일이다.

앞서 말한, 내가 재테크의 '재'자도 모르던 쌩초보 시절, 돈을 불리고 싶어 무턱대고 CMA통장을 개설하러 간 에피소드를 기억하는가. 증권사 직원에게 만 20세 미만은 CMA통장을 개설할 수 없다는 말을 듣고 온 이야기 말이다. 그 시절을 생각하면 정말 웃음이 나오지만 당시의 나는 고작 몇십만 원의 적은 돈이라도 최대한 안전하게, 빠르게 불리고 싶다는 욕망이 강했던 것이다.

그렇게 시작된 나의 투자 여정은 어떻게 하면 좀 더 고수익을 올릴 수 있을까, 어떻게 하면 안정적으로 돈을 불려나갈 수 있을까를 공부하고 찾아가는 과정이었다. 그러다가 마침내 도달한 곳이 부동산경매투자 였고, 아직도 부족하긴 하지만 이제는 눈에 보이는 성과를 제법 쌓은 상태다.

지극히 개인적인 생각이지만, 개미투자자 입장에서 고수익을 내면서도 안전한, 두 마리 토끼를 모두 잡을 수 있는 수단은 부동산경매 투자가 유일하다고 생각한다. 일반적인 부동산투자는 초기 자본이 많이 필요한 건 물론이고, 더는 우리나라에서 고수익을 내기가 힘들다. 주식투자는 수익이 너무 들쭉날쭉하며 굉장히 긴 장기투자가 아니라면 불안정하다. 이에 반해 부동산경매투자는 자신의 노력 여하에 따라 안정성은 거의 100%에 가깝고, 공부하면 할수록 수익률을 끌어올릴 수 있다.

늘 명심하도록 하자. 고수익을 추구하며 달려가는 투자라 해도 절대 안정성을 잊어선 안 된다. 특히나 초보 입장에서 원금을 잃는다는 것은 투자시장에 참여할 기회조차 잃는다는 것이요, 훗날 큰 나무가 될 씨앗을 잃는 일이라는 것을 기억하라.

투자의 목적을 명확히 세워라

우리가 은행에 정기예금으로 목돈을 집어넣는 이유는 무엇인가. 그 돈을 그냥 묵혀놓으면 아무런 소득이 없으므로 예금이자 몇 퍼센트라도 받기 위함이다. 하지만 막상 만기가 되어 예금을 돌려받아보면 그 수익이 별 볼 일 없다는 사실을 깨닫게 된다. 그래서 사람들은 은행 이자보다 더 많은 수익을 기대할 수 있는 다른 재테크 수단을 찾아 떠나는 것이다. 그것은 주식이 될 수도, 부동산이 될 수도, 기타 다른 수단이 될 수도 있다.

그동안 우리나라 사람들에게 든든한 투자 대안이 되어준 것이 바로 부동산이었다. 가계자산의 60% 이상이 부동산에 쏠려 있을 정도로 우리나라 사람들은 부동산을 사랑하며, 가진 자나 못 가진 자나 보유하고 있는 대부분 자산은 부동산이다.

지난 세월 부동산이 가져다준 수익률 또한 여타 다른 투자수단들을 압도한다. 지금은 예전만 못할지라도, 여전히 우리나라 사람들의 마음 깊은 곳에는 '그래도 이 나라에서 부동산만한 것이 없다'라는 믿음이 깔려 있다. 그만큼 부동산투자는 대한민국에서 결코 포기할 수 없는 투자방식이다. 특히나 보통 사람들에게는 내 집 한 칸 마련이란 목표가 인생의 꿈으로 여겨지는 현 상황을 볼 때, 부동산투자의 열기는 앞으로 더하면 더했지 결코 덜하지는 않을 것이다.

부동산투자에는 생각보다 많은 대상이 있다. 주거용 물건만 놓고서도 다세대 주택, 다가구 주택, 아파트, 오피스텔 등으로 다양하고 상가, 공장, 토지, 빌딩도 있다. 특히나 소형 빌딩에 대한 부자들의 관심은 날로 커지고 있는 형국이다. 이렇게 부동산이라는 섹터 안에서도 수많은 투자대상이 있다.

인간이 어딘가에 돈을 투자한다는 것은 당연히 수익을 기대하기 때문이다. 돈을 쓴다는 의미는 같지만 투자와 소비는 그 목적을 봤을 때 완전히 다른 행위라고 할 수 있다. 소비라는 것은 그 대상이 비싸거나 일회성의 사용가치만 있더라도 과감히 지갑을 열게 만들지만, 투자는 대상이 비싸다고 생각하면 절대 돈이 나가지 않는 성질을 지녔다. 누군가가 자신의 돈을 어딘가에 투자했을 때는, 그 대상이 충분히 싸다고 생각되며 앞으로도 내게 수익을 가져다주리라고 판단한 것이다. 그것이 투자의 본질적 의미다.

부동산투자도 마찬가지다. 내가 이 부동산을 사는 이유는 이 부동산이 싸다고 생각하기 때문이다. 설령 지금은 가격이 많이 싸지 않지만, 앞으로 충분히 오를 것이라는 기대가 있기 때문이다.

하지만 이 글을 읽고 있는 독자들은 부동산투자의 목적을 좀 더 분명히 혹은 세분화하길 바란다. 개발도상국에서 선진국으로 진입하고 있는 대한민국에서 앞으로 전체 부동산시장 가격이 과거처럼 무차별적으로 오를 것이라는 기대를 하긴 어렵다. 이미 우리나라는 고성장의 과거를 지나 계속해서 지루한 행보를 보일 저성장 국가로 진입했다. 그렇기에 가치 있는 부동산을 선택하는 안목이 중요하며, 실제 투자할 때도 기대수익이 얼마인지 확실히 기준을 정해두는 것이 좋다. 대충 사놓은 뒤에 '몇 년 뒤에는 값이 올라 있겠지' 하고 기대하는 것은 절대 금해야 할 태도이다.

부동산투자 수익에는 크게 두 종류가 있다. 첫 번째는 '자본이득'이라고 하여 앞으로 가격이 오를 경우 발생하는 수익을 말한다. 시세차익이라고도 한다. 두 번째는 '임대수익'으로, 물건을 소유한 상태에서 다달이 들어오는 임대료를 가리킨다. 앞으로 대한민국에서 부동산투자는 이 두 가지 투자방식으로 철저히 차별화될 것으로 보인다. 세월이 지난다고 해서 모든 부동산이 동시에 오르지는 않을 것이며, 시세차익을 기대할 수 있는 부동산과 현재 임대수익을 극대화해 승부를 봐야 하는 부동산으로 철저히 나뉘게 될 것이다. 그렇기에 내가 어딘가에 투자를 한다면 그 투자목적을 분명히 마음에 새기고 갈 필요가 있다.

아파트와 같은 주거용 물건에 투자한다면 대개 시세차익을 기대하는 투자일 것이다. 물론 월세를 주는 소형 아파트일 수도 있지만 그것이 아니라면 대부분 본인이 실질적으로 거주하거나 전세를 주는 경우가 대부분이다. 다만 아파트 상품의 경우 시간이 흐르면 흐를수록 무조건적으로 값이 오르는 상품은 되지 않을 것이고, 그 안에서도 철저히 차별화가 펼쳐질 예정이기에 더욱 철저한 분석이 요구된다. 대형단지 중심으로, 유명 브랜드 중심으로, 이중 삼중 역세권 입지에 속한 아파트를 구입해야 한다. 그래야 인플레이션을 헤징하면서 계속해서 자산가치를 증식시켜 나갈 수 있다.

또 하나의 축은 오피스텔이나 상가와 같은 수익형 부동산에 투자하는 경우다. 이 경우에는 현재 창출되는 수익에 모든 초점을 맞춰야 한다. 단순히 좋은 위치에 있으니 부동산 가격도 많이 오르리라는 기대는 금물이다. 수익형 물건은 어디까지나 현재 수익에만 집중해야 한다. 아무리 좋은 곳에 위치한 상가라도 현재 나오는 수익이 별 볼 일 없다면 과감히 접을 수 있어야 한다.

주거용 물건이 아닌, 상업용 물건의 경우 가격이 싸다고 무조건 임차인이 들어오는 것이 아니다. 일반 주거용 물건이야 살기 조금 불편해도 값이 싸면 들어와 살지만, 상가는 입지 자체가 잘못되었거나 상권이 죽어가고 있다면 임대 놓기가 하늘에 별 따기다. 현재 수익에 모든 초점을 맞추고 동시에 공실 가능성도 항상 염두에 두어야 실패 없는 투자를 할 수 있다.

이처럼 앞으로 부동산투자로 돈을 벌고자 하는 사람이라면 항상 자신이 투자하려는 대상에 대한 철저한 이해와 더불어 그 투자목적을 명확히 하는 작업이 반드시 선행되어야 한다. 이제 대한민국에서 아무 부동산이나 사놓고 시간이 흐르면 가격이 저절로 오르는 마법 같은 일은 벌어지지 않는다. 가치 있는 부동산을 찾는 과정에 많은 시간을 투자함과 동시에 자신이 기대하는 수익, 투자하고자 하는 목적을 명확히 해야 성공적인 부동산투자를 해나갈 수 있다.

□
□
□

평범한 당신도 부자 되는 실전 로드맵

무작정 부자가 되고 싶다는 마음만으로는 부자가 될 수 없다. 부자가 되기 위해서는 나름의 절차와 체계가 필요하다. 뚜렷한 길이 보이지 않는다면, 명확한 로드맵을 그릴 수 없다면 섣불리 움직여서는 안 된다. 지금부터 당신을 위한, 따라 하면 누구나 부자가 되는 실전 로드맵을 소개하고자 한다.

당신을 대신해 일할 일꾼을 만들어라

부자 로드맵의 가장 중요한 개념은 '현명한 부동산 시스템 구축'에 있다. 또한 그 첫 걸음은 '월급쟁이 부자는 없다' '월급만으로는 절대 부자가 될 수 없다'라는 깨달음을 얻는 것이다. 즉, 당신의 월급에만 목을 매서는 절대 부자가 될 수 없다는 것을 의미한다. 단순히 이 개념을 인식하는 수준을 넘어 절절한 깨달음의 수준까지 도달해야 한다. 더불어 실행의 단계까지 옮길 수 있어야 한다.

하루에 주어진 시간은 24시간. 당신은 그 시간 동안 혼자 일하며(사실 24시간 내내 일하지도 못한다), 하나의 월급으로 한 달을 살아간다. 그런 당신이 부자가 될 가능성은 얼마나 될까? 단도직입적으로 말해 0%다. 당신은 부자가 될 수 없다.

부자가 되고 싶다면, 당신을 위해서 일하는 일꾼들을 만들어야 한다. 그 일꾼은 진짜 일꾼, 사람(종업원)이어도 좋고 아니면 또 다른 수단이어야 한다. 당신 대신, 당신을 위해 일하는 시스템을 구축해야 한다.

열심히 돈을 모아 월셋집에서 전셋집으로 옮기고, 전셋집에서 대출받아 집 한 채를 마련하고, 그 대출금을 평생 갚아나가는 구조. 그 길은 부자가 되는 길이 아니다. 월급과 집 한 채, 그 쳇바퀴에 전전긍긍해서는 절대 부자가 될 수 없다. 부자는 단순히 열심히 노력한다고만 되는 것이 아니기 때문이다. 시스템을 만들어야 한다. 올바른 로드맵을 밟아야 한다.

부자 로드맵 1단계 : 나만의 1호기 만들기

부동산투자에서 가장 중요하다고 생각하는 것은 바로 첫 투자, 1호기를 만드는 일이다. 그동안 수많은 초보투자자와 마주하며 느낀 점은 첫 투자를 너무 어렵게 생각한다는 것이다. 처음부터 완벽한 투자를 하려는 탓이다. 나도 마찬가지였다. 하지만 완벽한 투자는 초보자에게 있을 수 없는 허상일 뿐이다. 물론 투자지식은 독서와 이론학습을 통해 기를 수 있다. 그러나 경험 없이는 안목과 노하우라는 실력이 쌓일 수 없다. 즉, 경험 없는 투자에 완벽을 기한다는 자체가 논리적 모순인 것이다. 설령 스스로 느끼기에 완벽에 가까운 의사결정으로 투자했다고 할지라도, 시간이 지나 그 투자를 복기해보면 곳곳에 허점이 가득했다는 것을 깨닫게 된다. 바로 그런 것이다. 첫 투자를 완벽히 잘해낸다는 것은 불가능하다.

그렇다면 나만의 1호기를 만들어볼 가장 좋은 시기는 언제일까? 나는 늘 부동산 강의 수료 후 6개월 안에 1호기를 만들어야 한다고 강조한다. 단, 이 시기에 부동산 관련 책을 10여 권 완독하고, 밀도 높은 부동산 학습이 뒷받침되었다는 전제 하에서다. 아무 지식 없이 무턱대고 부동산을 사는 것만큼 위험한 일도 없기 때문이다. 이 실행 요건이 갖춰졌다면 바로 도전해보길 권한다. 1호기는 부자 로드맵의 첫 단계일 뿐임을 기억하자.

1호기를 만들 때 반드시 명심해야 할 두 가지가 있다.

1. 사고자 하는 부동산의 정확한 시세를 알아야 한다.
2. 투자금을 과도하게 쓰지 않는다.

첫 번째, 사고자 하는 부동산의 정확한 시세를 알고 있어야 한다. 초보투자자일수록 법률적인 하자나 개발 호재 등 무언가 이름만 거창한 것들을 챙기느라, 정작 기본이자 가장 중요한 시세조사를 놓치는 경우가 많다. 이는 부동산투자에 대해 가르치는 강사나 고수들이 이에 대한 중요성을 그리 강조하지 않기 때문이기도 하다.

어느 투자나 마찬가지일 테지만, 특히 부동산투자는 정확한 시세 파악이 아주 중요하다. 이는 부동산 특유의 속성인 '개별성'에 기인한다. 예를 들어, 내가 투자하려는 아파트가 있다면, 해당 단지 안에서도 로얄동과 로얄층, 저층과 고층, 방향 등에 따라 그 가격이 천차만별이다.

단순히 부동산 중개업소에 들어가서 "OO아파트, 32평 얼마에요?"라고 묻는 것은 시세조사가 아니다. 부동산 중개인은 당신이 싸게 매수하든, 비싸게 매수하든 그런 것에는 관심이 없다. 그들은 그저 자신과 거래해서 수수료만 벌면 그뿐이다. 비싸게 샀느냐, 싸게 샀느냐는 투자자의 책임이기 때문이다.

"OO아파트, 32평 얼마에요?"라는 당신의 질문에 부동산 중개인이 "2억 3~4천해요"라고 했다면, 당신은 이 아파트의 시세를 얼마로 측정할 것인가? 2억 3000만 원인가, 2억 4000만 원인가? 그럼 얼마에 사야 이 아파트를 싸게 사는 것인가? 시세가격은 얼마이고, 급매가격은 얼마인가?

어떤 특별한 비법, 기술을 배우기 전에 시세조사부터 제대로 하는 습관을 반드시 들여야 한다. 내가 지금 해당 아파트 단지의 32평, 102동, 중간층(예컨대, 15층 건물의 7층), 남향의 물건을 사고자 한다면, 그 물건의 현재 가격이 얼마인지 정확히 조사해야 한다.

이 아파트가 앞으로 언제 오를지, 언제 바닥을 칠지 그러한 것들을 생각하기 전에 지금 사고자 하는 아파트의 정확한 시세를 아는 것이 중요하다. 만약 아파트가 아니라 오피스텔과 빌라라면, 시세 조사는 더더욱 만만치 않다. 그래서 초보투자자에게는 정확한 시세 조사가 투자의 처음이자 끝이 되기도 한다. 어차피 초보투자자일때는 법적으로 난해한 물건이라든가, 어떤 특별한 하자가 있는 물건에는 투자하지 않기 때문이다. 잊지 마라. 지금 사려는 부동산의 정확한 시세를 아는 것, 이것이 이제 막 1호기를 마련하려는 초보자가 명심 또 명심해야 할 지침이다.

두 번째로, 초보투자자는 절대로 첫 투자에 투자금의 대부분을 소진해버리는 우를 범해서는 안 된다. 다시 말하지만, 첫 투자는 그 한 건의 투자로 부자가 된다기보다는 앞으로 부자가 될 투자 여정의 첫 단추이기 때문이다. 세상 모든 것이 마찬가지겠으나 부동산 투자 또한 경험과 실력이 쌓여야 더 나은 투자를 할 수 있다. 결국은 허다한 실행과 시도를 통해 성장해나가는 방법밖에 없다. 그런데 첫 투자에 내 종잣돈의 대부분을 소진해버린다? 절대 그런 실수를 저질러서는 안 된다.

때때로 지나고 보니, 그때 내가 가진 돈과 레버리지의 극대화(담보대출 혹은 전세보증금 활용)를 통해 크게 베팅했으면 큰돈을 벌었을 텐데, 하는 가정이 있을 수 있다. 그러나 모름지기 정확한 타이밍이란 지나야만 알 수 있는 것이다. 만약 그 반대였다면? 당신은 한 건의 투자를 통해 인생에 돌이킬 수 없는 상황을 만들었을지도 모른다.

그러므로 1호기에 과도한 금액, 너무 많은 금액을 걸지 마라. 소액으로 시작하라. 소액이란 표현이 너무 추상적으로 들린다면, 구체적으로 금액을 제시하겠다.

'첫 부동산투자에는 2000만 원을 넘기지 마라.'

당신에게 지금 5000만 원이 있든, 1억 원이 있든, 그 이상의 얼마가 있든 당신이 부동산투자를 통해 부자를 꿈꾸는 자라면 첫 투자는 절대 2000만 원을 넘기지 마라. 당신은 앞으로 당신 대신 일할 부동산 시스템을 구축해야 하는 사람이다. 한 번의 투자가 끝이 아님을 잊지 말아야 한다. 무조건 많은 물건을 매입하란 의미는 아니다. 하지만 여러 물건을 보유해야 시스템을 구축할 수 있다는 것도 분명한 사실이다.

첫 투자, 1호기 마련은 누구에게나 두렵고 무서운 일이다. 그 어느 때보다 '용기'가 중요한 시점이기도 하다. 물론 성향에 따라 대범하게 첫 투자를 시작하는 이도 있지만, (그래도 투자자는 조금 조심스러운 성향을 가진 것이 좋다) 다수 사람에게는 첫 투자가 쉽지 않다. 그 두려움을 이겨내는 방법은 많은 양의 독서와 강의 수강 등 충분한 학습이다. 그리고 ①사고자 하는 부동산의 정확한 시세를 아는 것과 ②투자금을 과도하게 쓰지 않는 것이다. 잊지 마라. 이제 막 부동산투자를 시작하려는 당신에게 이보다 중요한 것은 없다.

나머지 부족한 부분은 지속적인 경험과 학습을 통해 앞으로 채워나가면 된다. 그러다 보면 결국 공부의 완성이란 결코 존재할 수 없다는 것을 깨닫게 될 것이다.

첫 건에 너무 많은 완벽성을 기대하지 마라. 그 자체가 허상이다.

위의 두 가지만 확실히 지켜도 당신은 충분히 잘해낸 것이다. 용기를 내어 당신만의 첫 1호기를 만들어라!

부자 로드맵 2단계 : 현금흐름 만들기

부자가 되기 위한 필수조건 중 하나가 현금흐름을 만들어두는 일이다. 가끔 부동산 전문가나 고수라는 사람들 중에 현금흐름(월세) 부동산의 중요성을 간과하는 이들을 본다. 이는 아직 그가 진정한 부자가 되지 못했다는 방증의 표현이다. 동시에 본인의 얕은 투자경력을 시인하는 것이기도 하다.

부동산시장은 언제나 상승만 하지 않는다. 그리고 부동산은 짧은 기간에 샀다 팔았다 하는 '단타투자'로는 큰돈을 벌 수 없다. 부동산투자에는 상당한 거래비용이 필요하기 때문이다. 취득세, 법무비, 취득·매도 시 중개수수료, 수리비(인테리어), 양도세, 식비, 교통비 등의 거래비용이 들기 때문에 중대형 이상의 물건이 아닌 이상 단타로 수익을 내기란 쉽지 않다. 단타로 큰돈을 벌겠다는 욕심은 애초에 하지 않는 것이 좋다. 단타투자는 하나의 옵션일 뿐이다.

그래서 많은 사람이 '갭투자'로 불리는 차익형 부동산에 투자하기도 하는데, 이는 하나만 알고 둘은 모르는 것이다. 전세 세팅만으로 부동산투자를 지속하다 보면, 부동산 개수는 늘어나는데 삶은 계속 쪼들리는 희한한 경험을 하게 된다. 이는 부동산 개수가 늘어났지만 현금흐름(월세)은 생성되지 않았기 때문이다. 부동산을 보유할 때 내야하는 세금, 임대만기 시의 거래비용, 각종 소모품 및 수

리항목으로 찔끔찔끔 나가는 돈이 발생하는데, 그 돈을 모두 자신의 노동소득(월급)으로만 충당하고 있기 때문이다. 다시 말해, 월급만으로는 생활이 넉넉하지 못해 경제적 여유를 얻고자 부동산투자를 시작했는데, 오히려 생활은 더 쪼들리는 아이러니한 상황이 발생하게 되는 것이다.

차익형 부동산에 투자하는 이들의 논리는 이렇다. '나는 이러저러한 수요·공급 데이터를 통해 부동산투자를 하기에 손해 볼 일이 없고, 2년 뒤 전세만기 때는 전세가를 올리거나 매매가가 상승할 것이니 매도를 통해 차익을 발생시킬 것'이라고.

하지만 부동산투자를 오래 하다 보면 (적어도 10년이라는 상승과 하락의 큰 사이클을 한번 겪은 투자자라면) 그리 간단한 문제가 아님을 알게 된다. 2년마다 전세가, 매매가가 상승할 거라는 건 어쩌면 당신의 희망사항일 뿐이다. 2년이 흘렀는데 전세가가 전혀 상승하지 않거나, 매매가 또한 큰 변화가 없을 수 있다. 오히려 전세가가 시세보다 떨어져서 보증금을 돌려줘야 하는 역전세 상황이 발생할 수도 있다. 그게 만일 한 건이 아닌 여러 건이라면, 당신에게 돌이킬 수 없는 시련이 닥칠 수도 있다.

반드시 현금흐름을 만들어야 한다. 월세를 창출해내야 한다. 한 달에 100만 원 정도의 현금흐름만 만들어내도 삶의 질이 달라진다. 더 나아가 현재 월급 수준의 현금흐름을 만든다면, 경제적 여유 지수는 월등히 올라갈 것이다. 고정소득을 만들어내야 한다. 내가 일하지 않고도 돈이 들어오는 시스템을 하루빨리 만들어야 한다. 그러한 시스템이 나를 위해 일하는 체제를 구축해야 한다.

시스템 구축은 주거용 부동산투자로 시작하는 것이 좋다. 주거용 부동산인 소형 아파트, 빌라, 오피스텔 등을 먼저 공략하고, 그 후에 아파트형 공장, 상가, 다가구 등으로 투자범위를 넓혀가는 것이다. 그러면 시간이 갈수록 한 채당 기대할 수 있는 순수익이 극대화될 것이다. 따박따박 들어오는 월세의 힘은 정말이지 놀랍고도 위력적이다. 처음에는 그 수익이 작아 보여도, 한 채 한 채 늘어가며 증가하는 그 액수는 결코 적지 않다. 거기에 재미를 붙이다 보면 소비 또한 줄어든다. 돈이 없어서 소비하지 않는 것이 아니라, 잔고가 계속 채워지는 기쁨이 있으니 자연스레 소비의 갈증이 줄어드는 것이다. 월세가 계속 들어오니 굳이 그 부동산을 급하게 팔아야 할 필요성을 느끼지 않으며, 그것이 자연스레 중장기 보유로 이어져 추후 시세차익까지 따라오게 된다.

부동산투자의 진정한 시세차익은 매달 또는 1년 단위라는 (마치 주식처럼) 짧은 기간에 발생하는 것이 아니다. 적절한 시점에 좋은 가격으로 매입하여 계속 갖고 있다 보니, 어느덧 상당한 시세차익이 발생해 있는 것, 그것이 진정한 부동산 자산가의 포트폴리오다.

잊지 마라. 수비(수익형)가 뒷받침되지 않은 자산 포트폴리오로는 절대 탄탄한 부자가 될 수 없다. 공격(차익형)만 하다가는 한 방에 크게 갈 수 있는 것이 부동산투자다. 현금흐름의 위력을 절대 가볍게 생각하지 마라. 적어도 100만 원의 현금흐름을 만들어보라. 바로 그 위력을 체감할 것이다.

부자 로드맵 3단계 : 시세차익 활용하기

어느 정도의 탄탄한 현금흐름이 만들어졌다면, 그래서 당장의 삶이 조금 여유로워졌다면, 이제는 시세차익 물건에 투자해보는 것이 좋다. 혹시 오해할까 싶어 설명을 하자면, 앞서 권한 수익형 부동산을 시세는 오르지 않고 오로지 현금흐름만 발생하는 부동산으로 착각해서는 안 된다. "언제 월세받아 부자 되냐, 빨리 시세차익 내서 돈 벌어야지"라고 말하는 이들이 있는데, 이는 수익형 부동산투자를 제대로 이해하지 못한 사람들이다. 당연히 월세만 받아서는 절대 부자가 될 수 없다. 진짜 큰 수익은 시세차익에서 나는 것이다. 내가 권하는 것은 진짜 시세차익을 내기 위한 '기다림의 장치'로써 월세를 활용하라는 것이다.

사실 부동산은 어느 것은 수익형 물건, 어느 것은 시세차익형 물건으로 명확히 구분 지을 수 없다. 수익형 물건도 시세차익이 날 수 있고, 시세차익형 물건도 적절한 테크닉을 구사하면 (매입방법의 다변화를 통해 매입 단가를 낮추거나 대출 레버리지를 극대화한다면) 현금흐름이 발생되기 때문이다. 중요한 것은 어떤 종류이든 현금흐름이 창출되는 부동산을 반드시 보유해야 한다는 것이다. 그 후에 해당 물건으로 시세차익을 발생시키거나, 다른 시세차익형 물건에 투자해 자산 가치를 크게 점핑시키는 계기를 만들어야 한다.

예를 들어, 현금흐름이 발생하는 부동산의 매매가가 큰 폭으로 상승했다면 그때는 해당 물건을 매도함으로써 더 큰 투자금을 확보해두는 것이 좋다. 월세 인상에도 한계가 있기 때문이다. 시세차익이 발생했다면 매도 후 투자금(기존 투자금 + 시세 상승분)을 확보해 더 큰 금액대의 물건에 투자하는 것이 좋다. 그러면 한 채에 묶여 있던 돈을 두 채 이상으로 매입하거나, 같은 한 채여도 훨씬 더 우량한 물건을 보유할 수 있게 된다. 이때부터가 돈이 돈을 버는 선순환구조에 들어가는 순간이다. 이것이 바로 단순히 1주택 보유자에 머물지 말고, 시스템 구축에 온 힘을 쏟으라는 이유다. 시세상승으로 인한 자산 리밸런싱(재배치), 전세금 인상, 꾸준한 현금흐름의 증대는 진정한 자산가이자 시스템 오너로서의 삶을 살게 할 것이다. 이것이 바로 당신을 진정한 경제적 자유인으로 만들어주는 구조다.

부자 로드맵 4단계 : 부자 포트폴리오 완성하기

이 단계부터는 멀리 내다보는 성격의 시세차익형 물건을 눈여겨봐야 할 때다. 입지 좋은 곳의 랜드마크 아파트, 재개발 및 재건축 건물, 토지 등이 그것이다. 다시 말해 드디어 진정한 부자의 포트폴리오를 완성할 수 있다는 의미다. 높은 시세차익을 기대할 수 있는 이 물건들은 그만큼 장기간의 보유 기간(세월)이 필요하다. 진짜 부자가 되고 싶다면 이러한 물건들에 하루빨리 투자하는 것이 중요하다.

하지만 이는 이론일 뿐, 당장 절박한 심정으로 투자시장에 뛰어든 이들에게 장기간의 기다림은 너무도 고통스러운 일이다. (투자금 또한 많이 든다.) 그래서 장기 시세차익형 부동산은 어느 정도 경제적 여유를 만든 후, 하나둘씩 포트폴리오에 포함시키는 것이 좋다. 당장 2~3년 이내에 승부를 보기 위한 것이 아닌, 10년 또는 그 이상의 기간을 바라보며 묻어두는 것이다. 그래서 종국에는 좋은 입지의 건물을 보유하는 것을 목표로 한다.

아직 1호기를 만들지도 않은 사람이 처음부터 로드맵 4단계를 꿈꾼다면, 그것은 결코 부자가 되겠다는 자세가 아니다. 단순히 그런 부동산을 갖고 있으면 좋겠다는 현실성 없는 로망일 뿐이다.

처음부터 부자의 포트폴리오를 완성할 수는 없다. 큰 꿈을 꾸되, 항상 한 발은 현실에 딛고 있어야 하는 법이다. 우선 나만의 1호기 부동산을 만들어라. 그리고 현금흐름을 항상 근본으로 두어야 한다. 그 기간 동안 적절히 시세차익형 물건을 포함시켜라. 종국에 이르렀을 때 부자의 포트폴리오를 완성하라.

돈은 행동하는 소수에게 찾아온다

돈은 어떻게 해야 벌 수 있을까. 돈은 기본적으로 내가 '소수'의 입장일 때 다가온다. 즉, 독점할 수 있어야 하고, 차별화할 수 있어야 한다. 돈이란 정확히 대중의 정반대에 위치한다. 그렇기에 공포를 이겨내고 베팅할 수 있어야 하며, (불확실성이 해소되면 누구나 다 뛰어들기 때문에) 모두에게 알려져 누구든지 뛰어들 수 있는 시장이 펼쳐지면 과감히 빠져나올 수 있어야 한다. 돈이란 모든 사람이 공평하게 많이 벌 수 있는 것이 아니기 때문이다.

이 사실을 절대 잊어서는 안 된다. 내가 지금 하려는 것을 (돈을 벌기위한 행위를) 이미 많은 사람이 하고 있다면, 그 방법으론 돈을 많이 벌 수 없다. 지금 투자하려는 지역이 많은 사람의 입방아에 오르내리고, 누구나 임장 다니는 곳이 되었다면, 그곳에는 먹을 것이 없다.

〈경매 물건1〉

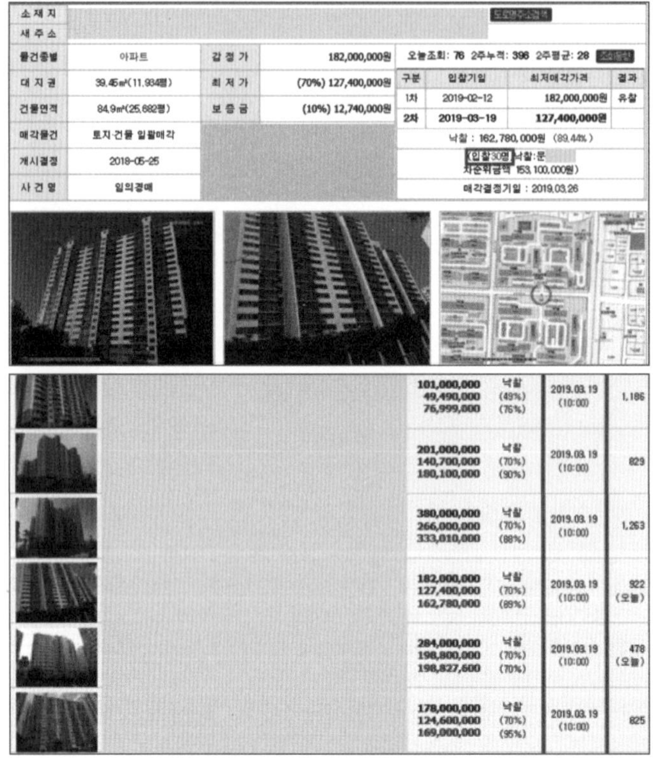

소재지				
새주소				
물건종별	아파트	감정가	182,000,000원	오늘조회: 76 2주누적: 396 2주평균: 28
대지권	39.45㎡(11.934평)	최저가	(70%) 127,400,000원	구분 / 입찰기일 / 최저매각가격 / 결과
건물면적	84.9㎡(25.682평)	보증금	(10%) 12,740,000원	1차 / 2019-02-12 / 182,000,000원 / 유찰 2차 / 2019-03-19 / 127,400,000원
매각물건	토지·건물 일괄매각			낙찰 : 162,780,000원 (89.44%)
개시결정	2018-05-25			(입찰30명,낙찰:문[illegible] 차순위금액 153,100,000원)
사건명	임의경매			매각결정기일 : 2019.03.26

가격	결과	일시	조회수
101,000,000 49,490,000 76,999,000	낙찰 (49%) (76%)	2019.03.19 (10:00)	1,186
201,000,000 140,700,000 180,100,000	낙찰 (70%) (90%)	2019.03.19 (10:00)	829
380,000,000 266,000,000 333,010,000	낙찰 (70%) (88%)	2019.03.19 (10:00)	1,263
182,000,000 127,400,000 162,780,000	낙찰 (70%) (89%)	2019.03.19 (10:00)	922 (오늘)
284,000,000 198,800,000 198,827,600	낙찰 (70%) (70%)	2019.03.19 (10:00)	478 (오늘)
178,000,000 124,600,000 169,000,000	낙찰 (70%) (95%)	2019.03.19 (10:00)	825

무작정 노력만 한다고 부자가 되는 것이 아니다. 나는 이렇게 부지런히 임장 다니는데 왜 돈이 벌리지 않나, 하고 한탄할 것도 없다. 설령 그 지역이 옳았든, 방법이 옳았든, 이미 타이밍이 늦었기 때문이다. 하루빨리 이 사실을 깨달아야 사서 고생하지 않는다.

위의 〈경매 물건1〉은 지방 C도시의 경매 물건이다. 입찰자 30명에게 거의 시세에 준한 가격으로 낙찰되었다. (이런 낙찰가로는 경매투자의 메리트가 거의 없다.) 당시 이 물건을 두고 내게 상담한 '젊은부자마을' 회원은 정확히 총 네 분이었다. 나는 입찰 경험이 없던 회원 두 분께는 최저가 수준으로 입찰하길 조언했고, 경험이 있던 회원 두 분께는 경쟁자가 있으니 입찰가를 조금 더 높게 적어보시라 조언했다. 결론부터 말해 나는 이들 모두가 낙찰받지 못할 거라는 사실을 알고 있었다. 그 이유는 네 가지였다.

첫째, 소액 갭투자자들이 관심의 수준을 넘어 이미 많이 들어간 지역이었고, 둘째, 그중에서도 갭투자자들이 많이 들어간 아파트이며, (현재도 예의주시하고 있는 아파트이고) 셋째, 초기 진입을 놓친 투자자들은 경매 물건 쪽으로 눈을 돌리게 되어 있고, 넷째, 무엇보다 같은 아파트의 지난 경매 물건이 싸게 낙찰되는 사례를 목격했기 때문이다. 결국 많은 이의 관심이 쏠린 물건이었고, 아이러니하게도 그 이유로 절대 싸게 살 수 없는 물건이었기 때문이다. (동일한 지역, 동일한 아파트라도 입찰 시기에 따라 최소 1000~2000만 원의 수익이 왔다 갔다 한다.)

더군다나 법원에 경매 물건이 이같이 많이 몰린 날은 사람들도 몰리는 날이다. 특히 직장인투자자들은 마음먹고 낸 연차가 아까워서라도 최대 두 건의 입찰을 생각하고 온다. 즉, 모든 사람이 똑같은 생각을 하는 한, 저가로 낙찰받을 수 있는 확률은 더 떨어진다고 봐야 한다.

반대로, 지방의 소형 물건을 노리는 자는 말 그대로 소액투자자이므로 세 건 이상 투자할 수 있는 여력이 없다. 그래서 이럴 때는 오히려 역발상 전략으로, 당일 진행되는 물건 중 퀄리티가 3순위

〈경매 물건2〉

물건종별	아파트	감 정 가	284,000,000원
대 지 권	88.3㎡(26.711평)	최 저 가	(70%) 198,800,000원
건물면적	183.583㎡(55.534평)	보 증 금	(10%) 19,880,000원
매각물건	토지·건물 일괄매각		
개시결정	2018-06-01		
사 건 명	임의경매		
관련사건	2018타경7152(중복)		

오늘조회: 44 2주누적: 177 2주평균: 13

구분	입찰기일	최저매각가격	결과
1차	2019-02-12	284,000,000원	유찰
2차	2019-03-19	198,800,000원	
낙찰 : 198,827,600원 (70.01%)			
(입찰1명,낙찰:이			
매각결정기일 : 2019.03.26			

거래	확인일자	매물명	215	동	층	매물가(만원)	연락처
매매	19.03.15.		215/183	107동	3/15	25,000 매경부동산	
매매	19.03.11.	, 주…	215/183	108동	8/15	25,500 매경부동산	
매매	19.02.26.		215/183	108동	8/15	25,500 매경부동산	
매매	19.02.26.		215/183	108동	8/15	↑ 25,500 매경부동산	
매매	19.02.20.	들…	215/183	108동	8/15	↑ 25,500 매경부동산	
매매	19.02.20.	리…	215/183	107동	8/15	26,000 매경부동산	

밑으로 떨어지는 물건에 저가입찰을 노려보는 것이 좋다. 바로 〈경매 물건2〉 같은 경우다! 최저가 매물 순으로 나열해봐도, 현 시세보다 최소 5000만 원 이상 싸게 낙찰받았다.

모두가 데이터를 보고 있는 시대다. 입주물량 수치 확인은 기본 중의 기본이며, 좀 더 꼼꼼히 분석하는 자는 미분양물량 수치, 더 나아가 착공 및 인허가물량까지 따져본다. 관련 강의는 넘쳐나고 유사품이 판을 치는 시대다. 이러한 시대에 진짜 돈 버는 투자를 하려면 어떻게 해야 할까?

서두에서 돈은 소수의 입장에서 온다고 했다. 따라서 모두가 일반 매매투자에만 몰려 있다면 나는 경매 매물을 찾아봐야 하고, 모두가 경매투자를 시작했다면 나는 공매매물도 살펴봐야 한다. 투자자들에게 이미 상당히 알려진 아파트가 경매 물건으로 나왔다면, 그 낙찰가는 볼 것도 없다. 진짜 돈 버는 방법은 투자자 사이에 특정 아파트가 알려지기 시작할 그때, 일반 매매투자가 아닌 경매로 저가낙찰을 노려야 한다. 한발 늦은 투자자들이 경매라도 잡으려고 달려들기 전에 말이다.

좀 더 직설적인 힌트를 주자면, 모두가 지방 A도시에 임장 다니기 시작한다면, 온라인 카페와 밴드, 오픈 채팅방 등에서 그 이름이 오르내린다면, 그때는 그곳에 가면 안 된다. 오히려 아직은 이르다고 하는 또 다른 지방 B도시에 가서 발품을 팔기 시작해야 한다. 부동산 중개업소에 방문했을 때, 중개업소에 파리가 날리고, 소장님이 과도하게 친절할 때 인맥을 맺기 시작하라. 거기서 지역 분석을 시작하고 아파트를 하나둘 서열화시켜라. 파리가 날리던 그곳에 머지않아 투자자들이 몰려들 것이고, (먼 훗날의 이야기 같지만, 시장분위기는 고작 1~2년이면 변하기 마련이다) 이미 모든 분석을 마쳐놓고, 부동산 소장들과 인맥까지 다져놓은 당신은 물건을 아주 손쉽게 매입할 수 있다. 전세가 빠지지 않아 고생하는 일도 없을 것이다.

그때는 오히려 당신이 분석해놓은 자료가 투자자들 사이에 족보로 쓰일 것이고, 강의해달라는 요청이 물밀듯이 들어올 것이다. 입주물량, 인허가, 미분양물량 수치 등 모든 데이터는 이제 기본 중의 기본이다. 여기에 경매 낙찰가율 통계를 덧입혀라. 더 나아가 해당 법원에서 진행하는 물건 목록을 달력에 모두 기재해라. 해당 지역의 미묘한 움직임, 입찰자 수의 변화, 낙찰가율의 변화 등을 살피며 때에 따라 전략에 변화를 주어야 한다.

또한, 일반 갭투자자들이 아직 들어오지 않은 지역은 A급 물건을 저가에 깔고 낙찰받아라. (지금도 전국에는 A급 물건을 전세가 밑으로 낙찰받을 수 있는 곳이 결코 적지 않다.) 갭투자자들이 들어오기 시작한 곳은 A급 물건을 더 공격적으로 낙찰받는 전략을 취하라. 그리고 엄청난 시세차익을 기대하기보다는 현 시세보다 조금만 싸게 산다는 전략을 취하라. 이러한 물건은 현 시세보다 싸게 낙찰받은 것과는 별개로, 추가 시세차익 상승분까지 이른 시일 내에 거둘 수 있기 때문이다.

만일, 투자자들에게 아파트 단지 이름이 알려지고, 전세 빼는 데 상당히 고생하고 있는 곳이라면, 경매도 일반 매매와 별반 다를 게 없다. 이때는 오히려 해당 지역의 B급, C급 물건에 저가낙찰 전략을 구사하라. 매우 싼 가격에 낙찰받을 수 있다. 많이 오르지 않아도 어떤가. 이미 충분히 싸게 샀고, 낙찰 후 세팅이 끝나면 모든 자금을 회수하는 것은 물론이고, 시세가 바닥을 다졌다는 것을 눈으로 확인했지 않은가.

그리고 하루에 많은 물건이 몰린 날보다는 한 건의 물건만 덜렁 나온 날을 노리는 것이 좋다. 모두가 귀찮아하고 다음에 또 있겠지 하는, 그 못난 마음을 공략하라. 돈이란 인간의 본성을 이해하고 그것을 역이용할 때 진정한 이익을 거둘 수 있다. 이것이 바로 전국의 흐름을 활용한 돈 버는 부동산투자법이다.

이런 식으로 어느 정도 자산을 형성했다면, 이제는 자신의 사냥터를 그다음 단계로 올려놓아야 한다. 자본금 사이즈로 초보투자자들에게 진입장벽을 치든지, 유치권이나 선순위 임차인 등으로 감히 뛰어들 수 없는 영역을 공략하는 것이다. 물건 또한 주거용에 머물지 말고 상업용으로 진화시켜야 한다. 여기서 놓치지 말아야 할 점은 그 안에서 또다시 틈새를 공략해야 한다는 것이다. 인기 있는 지역의 우량 물건에는 당연히 그 물건을 노리고 있는 선수들이 있다. 예컨대, 강남 $84m^3$ 아파트와 같은 곳에서는 아무리 자본금을 키웠다고 해도 차별화된 경쟁력을 발휘할 수 없다. 그 시장 안에서는 평균 자본금이기 때문이다.

지금까지의 내용이 전혀 이해되지 않는다면 당신은 초보 중의 초보자다. 당신이 돈을 버는 유일한 방법은 몸으로 때우고, 부지런함과 끈기로 때우는 방법밖에 없다. 입찰한다면 깨끗한 소형 아파트가 아닌, 시세라는 것이 불명확한 빌라를 노려야 하며, 그 안에서도 완전 깨끗한 빌라와 쓰러져가는 허름한 빌라 그사이에 놓인 애매한 성격의 물건을 노려야 한다.

다시 강조하지만, 돈은 항상 변곡점, 중간지점, 소수가 존재하는 지점에서 나온다. 그 안에서 치열히 발품 팔아야 돈을 벌 수 있다.

2019년, 여기저기에서 안 좋은 소리가 난무하고 어두운 이야기가 가득한 시점이다. 하지만 지난 상승장을 놓친 당신이라면, 지금이 돈을 벌 수 있는 적기라고 말하겠다. 진심이다. 소액으로 역전하기에 매우 좋은 시장이 도래했다. 적극적으로 움직였으면 좋겠다.

돈은 행동하는 소수에게 찾아온다는 법칙, 당신이 이 본질을 하루 빨리 깨달아 이 세상을 당신의 놀이터로 만들기를 진심으로 바란다.

소액 재테크,
부동산경매가 답이다

세상에는 많은 종류의 재테크, 투자방식이 있다. 대표적으로 예·적금, 주식, 부동산 등이 있으며 그 안에서도 다양한 종류의 투자방식이 파생된다. 펀드, 랩 상품, ELS, 헤지펀드, 사모펀드, 채권, 재개발, 재건축, 금, 은, 원자재 등 세부적으로 따지자면 이제는 그 수를 헤아릴 수 없을 정도다. 이는 자본시장이 성숙하고 발전되어간다는 증거이며, 앞으로 그 종류는 더 세분화되고 복잡해질 것이다.

이 중 어느 하나가 정답이라고 섣불리 단정 지을 수는 없는 법이다. 각 분야마다 고수와 전문가들이 있고 나름대로 꾸준히 훌륭한 수익을 거두고 있는 사람도 많다. 주기적으로 주식시장을 비롯한 자산시장이 폭락하고, 세상이 완전히 무너질 것 같은 위기가 한 번씩 닥쳐오지만 그래도 자본주의는 계속해서 돌아간다. IMF 외환위기 때와 2008년 금융위기 당시를 떠올려보라. 지구가 종말하기라도 하는 것처럼 두려움과 혼란에 빠져 있던 세상은 다시 평온을 되찾았고, 그렇게 순환하는 시장에서 꾸준히 수익을 만들어내는 이들은 언제나 존재해왔다.

문제는 일반 서민들, 소위 말하는 개미투자자들이다. 전문지식은 물론 인맥, 자본력 등 어느 것 하나 제대로 갖추지 못한 개미투자자들이 고수와 전문가들을 상대해 이길 수 있는 분야는 찾기 쉽지 않다. 특히 주식시장에 멋모르고 뛰어들었다가는 패가망신하기 십상이다. 수많은 정보와 분석력을 지닌 전문가를 따라잡을 방법이 없는 것이다.

서민의 삶이란 정말 너무도 서럽지 않은가. 자신의 업에서 뚜렷한 성과를 내지 못해 투자시장에 발을 담갔는데, 거기서조차 허우적대고 있다면 도대체 어디로 가란 말인가. 갈 곳 잃은 서민의 현실은 이토록 가혹하다.

정해진 월급으로 부자가 되는 데에도 한계가 있는 법이다. 월급은 원래 내가 만족할 만한 수준으로 받을 수 없다. 내 능력만큼 받는 것도 아니다. 보스를 위해, 회사를 위해 돈을 벌어다준 뒤 남는 것이 있을 때 받는 돈이 바로 월급이란 녀석의 속성이자 본질이다.

그 쥐꼬리만 한 월급으로 교통비도 내야하고, 통신비도 내야 하고, 자동차도 사야 하고, 집도 사야 하고, 부모님 용돈도 드려야 하고, 맛있는 것도 사 먹어야 하고, 옷도 사 입어야 하고, 자식들 교육도 시켜야 하고, 전기세·수도세·가스비도 내야 하고, 한 번씩 여행도 가야 하니… '월급쟁이 부자'란 애초에 어림없는 소리다. 불가능한 일인 것이다. 부자는커녕 꾸준한 저축조차 빠듯하다. 빚이나 안 지고 마이너스 인생만 안 살면 다행이라 여기는 사람도 수두룩하다.

어쩔 수 없다. 부자가 되려면 어떻게든 조금씩이라도 아끼고 모아서 투자를 병행해야 한다. 월급에만 의존하는 삶에는 답이 없다. 모든 것을 다 때려치우고 집에서 온종일 주식차트나 들여다보는 어리석은 짓을 하라는 의미가 아니다. 본업에 충실하면서 투자도 함께해야 한다. 월급만으로는 해결이 나지 않는다는 점을 강조하고 싶은 것이지 한탕주의에 빠지라는 의미가 아니다.

스무 살 대입에 실패한 뒤부터, 나는 항상 이후에 펼쳐질 내 삶에 대한 고민을 멈추지 않았다. 그때 했던 다짐 가운데 하나가 '나는 절대 월급에 목매는 인생은 살지 않겠다'는 것이었다.

설령 회사생활을 할지라도 조직에서 반드시 필요한 사람이 되어 내가 주도권을 쥐는 인생을 살겠다고 다짐했다. 월급인상이나 부당해고 반대를 외치며 길에서 드러눕고 투쟁해야 하는 사람이 되고 싶지 않았다. 먹고살기 위해 억지로 윗사람 비위를 맞춰가며 어떻게든 정년을 연장해보려고 노예처럼 살고 싶지도 않았다.

그래서 항상 어떻게 하면 월급에 의존하지 않을 수 있을까, 어떻게 하면 직장에 목매지 않을 수 있을까 고민했다. 그리고 고민 끝에 내린 결론은 나를 대신해서 일하는, 내가 일하지 않더라도 항상 돈이 들어오는 구조를 만들어야겠다는 것이었다. 그래서 그 새파랗

게 어린 시절부터 자본시장과 투자, 재테크에 대한 호기심을 가지고 지속적으로 공부하게 된 것이다. 전공인 부동산뿐만 아니라 주식 등 다른 분야에 대한 관심도 놓치지 않았고, 전체 투자시장과 자산시장에 대해 항상 균형 있고 깊이 있는 눈을 갖기 위해 노력했다.

각각의 투자대상은 저마다의 장점을 가지고 있고, 시기마다 커다란 흐름과 주기라는 것이 있기에 절대적으로 옳은 투자대상은 없다는 것 또한 알게 되었다. 주식에 투자하면 좋을 때가 있고, 레버리지를 극대화하여 부동산에 투자해야 할 때도 있으며, 예금이나 CMA 등 수익이 거의 없더라도 안전한 곳에서 기다려야 할 시기도 있다는 것을 말이다.

그럼에도 불구하고 어느 장세에서나 커다란 리스크 없이 꾸준하게 훌륭한 수익을 거둘 수 있는 분야가 있었는데, 바로 부동산경매 시장이었다. 부동산경매는 내가 공부를 하면 할수록 수익률을 끌어올릴 수 있는 유일한 시장이었고, 내 노력 여하에 따라서 거의 완벽하게 수익률을 통제하고 리스크를 관리할 수 있는 시장이었다. 특히나 투자실력이 어느 특정 수준을 넘어선다면 백전백승할 수도 있다.

애초에 내가 충분히 매력적인 가격에 매입했기에 시장 상황이 악화된다고 해서 떨 필요도 없고, 주식처럼 갑자기 어떤 사건이 터져 순식간에 폭락하진 않을까 하는 걱정도 없다. 물론 양도세가 없고 때에 따라 단기간에 아주 가파르게 오르는 주식시장의 매력을 알기에 아예 투자대상에서 배제하지는 않는다. 하지만 예외적인 경우를 제외하고는 언제나 부동산경매를 주력으로 해 나의 자산을 늘려왔다.

부동산경매는 절대 지지 않는 투자방식이다. 애초에 수익률을 설정해놓고 내가 충분히 해당 위험을 제거할 수 있다는 확신이 들었을 때 자본을 투자하기에 실패할 일이 없다. 해당 물건에서 실패할 가능성이 보인다면, 그것이 해결할 수 없는 수준이라는 판단이 서면 투자하지 않으면 그만이다. 때에 따라 수익이 크고 적은 차이가 있을 뿐 내가 충분히 알아보고 투자한다면 절대 손해를 보지 않는 게임이다.

그렇기에 당신이 서민이라면, 개미투자자라면 부동산경매시장에 투자해야 한다. 자본이 적을수록 안정적이고 확실한 게임을 펼쳐야 한다. 소규모의 자본으로 투자를 해보려는 개미투자자에게 그 돈은 그냥 자본금이 아니다. 만약 잘못된 투자로 그 자본을 날린다면 그건 돈을 잃는 것이 아니라 자신의 지난 세월, 피땀 흘려 돈을 모아온 시간, 청춘까지 몽땅 잃어버리는 것이다.

초보투자자일수록 절대 초기에 돈을 잃어서는 안 된다. 작전주에 한 번 편승해보고 싶고, 테마주에 몰빵하고픈 충동이 일지라도 철저히 손에 꽉 움켜쥐고 눈뭉치를 차곡차곡 불려나가야 한다. 자산의 크기가 불어나 투자할 수 있는 경우의 수가 많아진다면 그때 다른 투자를 해도 좋다.

경제적 자유로 가는 출발점에 선 당신에게, 부동산경매 재테크는 분명 크고 단단한 디딤돌이 되리라 확신한다. 아직 늦지 않았다. 지금 당장 시작하라. 당신도 얼마든지 부자가 될 수 있다. 돈 많은 월급쟁이가 아닌, '진짜 부자' 말이다.

에필로그

자유를 찾아 쉼 없이 달려온 여정

시간이 참 빨리도 흐릅니다. '쏜살같은 시간'이란 표현이 어쩜 그리도 적절한지 모르겠습니다. 경제적 자유를 얻겠다는 목표를 갖고 출발한 것이 엊그제 같은데 벌써 13여 년이 훌쩍 지나버렸습니다. 유약하던 스무 살 풋내기는 이제 조금은 단단해진 듯하고, 세상을 살아갈 만한 자신감도 생겼습니다. 계속해서 도전하고 나아갈 것이기에 많은 실수와 어려움을 만나겠지만, 이제껏 그래온 것처럼 앞으로도 꿋꿋이 해낼 것이라 믿습니다.

참으로 외롭고 고독한 시간들이었습니다. 투자자의 인생이란 원래 그런 것이겠지만, 워낙 어린 투자자였기에 그 무게감이 더 컸는지도 모르겠습니다. 또래의 친구들이 PC방에서 게임을 하고, 술자리에서 시끄럽게 놀아야 할 나이에 홀로 악착같이 돈을 모으고 투자 물건을 분석했습니다. 꼭두새벽부터 집을 나서서 낯선 지방 곳곳을 돌아다녀야 했고, 저보다 훨씬 인생경험이 많은 어른들을 상대해야 했습니다. 그 과정에서 실패도 겪고 상처도 받았지만, 이는 제게 큰 자양분이 되었습니다. 지금 이 자리는 그때의 실수와 두려움이 차곡차곡 쌓여 만들어진 것이라 확신합니다.

앞으로 더 많은 인내와 성숙의 시간이 필요하겠지만, 꿈을 향한 길이기에 안주하지 않고 걸음을 멈추지 않으려 합니다.

서문에서도 언급했듯, 월급에만 의존하는 삶에는 희망이 없습니다. 돈이 그렇게 중요하냐고 외치는 것 자체가 어쩌면 그 중요성을 역설적으로 인정하는 행위일지 모르겠습니다. 사실 우리의 목적은 '행복한 인생'입니다. 자유와 행복을 누리는 데 필요한 돈은 그저 수단에 불과합니다. 그렇기에 고작 그 수단 때문에 하루하루 허덕이며 짓눌리는 인생에서 벗어나야 합니다. 이에 대한 방향을 제시하고, 독자들에게 조금이나마 도움이 되어드릴 수 있었다면 그것으로 만족합니다.

저는 지금도 계속해서 꿈을 향해 나아가고 있습니다. 그 과정에서 이제는 더 많은 분들과 교류하며 동행하고 싶습니다. 비록 지금은 월급에만 의존하고 있지만 언젠가 경제적 자유를 얻고자 하는 많은 이들에게 적게나마 힘이 되고 싶습니다. 동시에 평생의 동지를 만나 대한민국 자본시장에서 함께 큰일을 이루는 유쾌한 상상도 해봅니다.

책에서 다하지 못한 이야기는 온라인(네이버 카페 '젊은부자마을')으로 잠시 미루어두고 글을 맺으려 합니다. 끝으로 아들에게 평생을 헌신적이셨던 부모님과 가족, 그리고 멋진 책을 만들어주신 보라빛소 출판사 관계자 분들에게 감사를 드립니다.

유비(김수영)

월급쟁이 부자는 없다

초판 1쇄 발행 2014년 8월 5일
개정증보판 1쇄 발행 2019년 8월 30일
개정증보판 4쇄 발행 2020년 4월 10일

지은이 유비(김수영)
펴낸곳 보랏빛소
펴낸이 김철원

기획·편집 김이슬
마케팅·홍보 박소영
표지·본문디자인 호기심고양이

출판신고 2014년 11월 26일 제2014-000095호
주소 서울특별시 마포구 월드컵북로6길 60, 덕산빌딩 203호
대표전화·팩스 070-8668-8802 (F) 02-323-8803
이메일 boracow8800@gmail.com

책값은 뒤표지에 있습니다.
잘못된 책은 구입하신 서점에서 바꾸어 드립니다.